足球

全民健身项目指导用书

门延华　李云飞◎主编

U0783268

吉林出版集团股份有限公司　全国百佳图书出版单位

图书在版编目（CIP）数据

足球 / 门延华，李云飞主编. —— 2 版. —— 长春：
吉林出版集团股份有限公司，2010.2（2024.8重印）
　　全民健身项目指导用书
　　ISBN 978-7-5463-2376-3

　　Ⅰ. ①足… Ⅱ. ①门… ②李… Ⅲ. ①足球运动－基
本知识 Ⅳ. ①G843

中国版本图书馆 CIP 数据核字(2010)第 028406 号

全民健身项目指导用书

足　球

ZUQIU

主　　编	门延华　李云飞
责任编辑	赵　萍
封面设计	吕宜昌
开　　本	650mm×960mm　1/16
印　　张	8
字　　数	60 千
版　　次	2010 年 2 月第 2 版
印　　次	2024 年 8 月第 4 次印刷
出版发行	吉林出版集团股份有限公司
地　　址	吉林省长春市福祉大路 5788 号
邮　　编	130000
电　　话	0431-81629968
电子邮箱	11915286@qq.com
印　　刷	三河市金兆印刷装订有限公司
书　　号	ISBN 978-7-5463-2376-3　定　价　39.80 元

序言

自 1995 年我国政府推出《全民健身计划纲要》以来，我国群众性体育活动蓬勃发展，取得了显著的成绩。2008 年，举世瞩目的北京奥运会的成功举办，极大地激发了亿万人民群众的体育热情，增强了全社会的体育意识，营造了浓厚的全民健身氛围。面对这样的可喜局面，群众体育科研、教学工作者应义不容辞地为社会实践服务，从不同角度思考，如何使普通百姓通过简而易行的身体锻炼方式、方法和手段达到良好的健身效果，达到拥有健康的目标，从而享受生活、享受快乐人生。该书系就是在这样的思想指导下诞生的。

本书系能够顺应国家体育的大政方针，掌握时代脉搏，对指导大众健身，使大众掌握健身方法和手段有很好的促进作用。

本书系图文并茂，实用性强，分为球类运动、体操健身运动、传统武术、冰雪运动、水上运动、体育舞蹈、休闲运动、格斗运动、民间体育活动和极限运动等十大类项目，计 100 分册，按照统一的体例，力争有所创新。每册的具体内容为该项目的起源与发展、运动保健、基本技术、运动技巧、比赛规则等，使读者在学习过程中，不仅能够学会运动健身的方法，同时还能够学到保健方面的基本知识。

　　经国务院批准，自 2009 年起，将每年的 8 月 8 日定为"全民健身日"。《全民健身项目指导用书》的出版，必将为开展全民健身活动起到积极的推动和指导作用。

目录 CONTENTS

目录 CONTENTS

第一章 概述

　　足球运动是世界上开展得较为广泛、影响力较大的体育项目，号称"世界第一运动"，深受世界各国人民的喜爱。

第一节

起源与发展

　　足球运动的历史最早可以追溯到中国战国时期，而现代足球运动则起源于 19 世纪末的英国，并在百余年的发展过程中不断完善起来。

起源

　　足球运动在中国古代被称为"蹴鞠"或"踢鞠"，"蹴"和"踢"都是踢的意思，"鞠"是球名。据史料记载，早在战国时期民间就已盛行集体的"蹴鞠"游戏。至西汉，足球已进一步发展为竞赛性的运动。到了唐代，由于唐太宗、唐玄宗都很喜爱这项运动，"蹴鞠"开始在宫廷内流行起来，并有了明确的比赛规则，文献记载其为"蹴球"，游戏方式与现代足球类似。

　　如果说古代足球运动起源于中国，那么现代足球运动的诞生地则是英国。

　　1835 年，英国人成立了世界上第一家足球俱乐部。1863 年 10 月 26 日，英国 11 家足球俱乐部的代表在伦敦举行会议，成立了世界上第一个足球运动组织——英格兰足球协会。会议还制定和通过了世界上第一部较为统一的足球竞赛规则，并以文字的形式记载下来。英格兰足球协会的诞生，标志着足球运动的发展进入了一个崭新的阶段。因此，人们公认 1863 年 10 月 26 日，即英格兰足球协会成立之日为现代足球的诞生日。

发展

　　英格兰足球协会的成立带动了欧洲和拉美等一些国家足球运动的蓬勃发展。随着技术的进步、规则的完善，以及国际赛事的举办，足球运动逐步走上规范化道路，并成为全民健身运动的有机组成部分。

传播

　　1872 年，在英格兰和苏格兰之间进行了历史上第一次协会间的比赛。

1890 年,在奥地利开始举办足球锦标赛。

1900 年,在西班牙巴塞罗那成立了"加泰罗尼亚"足球协会。

在 1900 年第 2 届巴黎奥运会上,足球被正式列入奥运会比赛项目,这些专项比赛和足球组织的出现,为国际性足球组织的建立创造了条件。

1904 年 5 月 21 日,国际足球协会联合会在法国巴黎正式成立,国际足球协会联合会的创建,标志着足球作为一项世界性的体育运动项目登上了世界体坛。

 机构与赛事

机构

国际足球协会联合会(FIFA)简称国际足联,现有 208 个协会会员,分属欧洲、亚洲、非洲、中北美和加勒比地区、南美洲、大洋洲 6 个地区性组织。

中国足球协会于 1931 年加入国际足球协会联合会,1958 年退出,1979 年恢复在国际足球协会联合会的会员资格。

赛事

(1)奥运会足球赛,每 4 年 1 届。

(2)世界杯足球赛,每 4 年 1 届。

(3)世界青年足球锦标赛,每 2 年 1 届。

(4)各大洲足球锦标赛,每 4 年 1 届。

(5)各地区职业足球联赛,如英超(英格兰超级足球联赛)、意甲、西甲、德甲等。

 **发展趋势**

国内趋势

为更广泛地开展群众性体育活动,增强人民体质,推动我国社会主义现代化建设事业的发展,1995 年 6 月,国务院提出了《全民健身计划纲要》,号召全社会广泛开展全民健身运动。目前,全民健身运动在全国范围内蓬勃发展,具有中国特色的全民健身体系的框架已经初步

形成。全民健身运动的开展,有利于提高人们的生活质量,丰富人民群众的业余文化生活,促进社会进步;有利于加强社会主义精神文明和物质文明建设,提高我国的综合国力,振奋民族精神。

足球运动属于集体性运动,不仅可以强身健体,还能加强团队合作精神,是老少皆宜的体育运动。此外,足球运动在我国具有广泛的群众基础,普及性强,因此可以视为全民健身计划的首选项目之一。

国外趋势

随着世界经济的发展和信息时代的到来,足球运动已经突破国家和地区的局限,出现了全球化的趋势。各地区足球文化相互交融,取长补短。欧洲文化容纳了南美文化的激情和创造性,造就了英格兰足球的新特点,其打法不再是呆板与单调的力量型足球。南美文化也在逐步吸收欧洲文化的理性和纪律。以阿根廷为代表,在保持原有技术特色的同时,讲究足球规律,遵守整体纪律,以更加务实的精神在改变着南美足球的形象。同时,电视媒体对足球运动的推广起到了至关重要的作用,它将不同的足球风格展现在观众面前,促进了各国足球爱好者之间的相互了解和学习。

第二节

场地、器材和装备

足球运动对场地、器材和装备都有一定的要求,高质量的场地是运动顺利开展的前提条件,而良好的器材和装备则是练习者发挥高技术水平的必要保证。

 **场地** ◆◆◆◆◆◆◆◆◆◆

足球运动对场地的要求较高,正规的比赛场地有着严格的标准。

 **规　格**　见图1-2-1

（1）比赛场地为长方形，长90～120米，宽45～90米（国际比赛的场地长100～110米，宽64～75米）。

（2）场地四周两条较长的边界线叫边线，两条较短的边界线叫球门线，所有线的宽度不超过12厘米。

（3）场地被1条横穿球场的中线划分为左右两个半场，在中线的中点处做1个中心标记，并以此点为圆心，以9.15米为半径，画1个圆圈叫中圈。

（4）在场地两端的球门线上，向场内各画1条长5.5米与球门线垂直的线，一端与球门线相接，另一端画1条连接线与球门线平行，这3条线与球门线范围内的区域叫球门区。

（5）在场地两端的球门线上，向场内各画1条长16.5米与球门线垂直的线，一端与球门线相接，另一端画1条连接线与球门线平行，这3条线与球门线范围内的地区叫罚球区，在两球门线中点垂直向场内量11米处各做1个清晰的标记，叫罚球点，以罚球点为圆心，以9.15米为半径，在罚球区外画1段弧线，叫罚球弧。

（6）以边线和球门线交叉点为圆心，以1米为半径，向场内各画1段1／4的圆弧，这个弧内区域叫角球区。

图1-2-1

设施

球门 见图 1-2-2

（1）球门应设在每条球门线的中央，由两根相距 7.32 米的直立门柱与一根下沿离地面 2.44 米的水平横梁连接组成。

（2）门柱及横梁的宽度与厚度均应对称相等，不得超过 12 厘米。

（3）为确保安全，无论是固定球门还是可移动球门都必须稳定地固定在场地上。

（4）球门颜色必须是白色。

图 1-2-2

球网 见图 1-2-3

（1）球网只能挂在球门后面，牢固地附加在球门立柱、横梁上，下端钉在地上，应适当撑起，使守门员有充分活动的空间。

（2）球网允许用大麻、黄麻或尼龙制成，尼龙绳可以用，但不得比大麻或黄麻绳细。

角旗和中线旗 见图 1-2-4

（1）角旗是场地四周的标志，应垂直立于边线与球门线外沿的交点处。

（2）角旗杆的高度（杆顶至地面）不得低于 1.5 米，杆的顶端应为平顶，以防刺伤队员。

（3）角旗的颜色应与助理裁判

图 1-2-3

员用旗和场地颜色有明显区别，晚间比赛使用灯光时，可用白色角旗。

（4）角旗面料可用布或绸料制成，规格一般为 30 厘米×40 厘米。

（5）在中线两端距边线外至少 1 米处，可各竖立一面与角旗大小相同的中线旗，作为中线的标志。

图 1—2—4

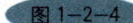

器材

足球运动的主要器材就是足球，良好的器材是足球运动开展的重要保障。

规格

五号球　见图 1—2—5

五号球为比赛标准用球，圆周为 68～70 厘米，重量为 410～450 克，足球的气压在海平面上等于 60.795～111.4575 千帕（0.6～1.1 个标准大气压）。

四号球

四号球通常作为青少年比赛用球，圆周为 62～66 厘米，重量为 390～430 克。

图 1—2—5

 **三号球**

三号球一般为儿童游戏用球，圆周为 50～60 厘米，重量为 280～310 克。

 **材质**

足球一般由 20 块六边形和 12 块五边形皮革缝制而成，也有的用其他适当的材料制成。

 **装备**

进行足球运动时，舒适、得体的装备对练习者不但有安全保护作用，还有助于技战术水平的充分发挥。

 **服装** 见图 1-2-6

由于天气、地域等不同，对服装的要求也有所不同。对于经常参加足球运动的人来说，应备有 3 套服装，即短衫、短裤（夏季），长衫、短裤（春、秋季）和防风厚装长衣、长裤（冬季）。运动服装采用吸汗效果较好的纯棉质材料为宜。

图 1-2-6

 **鞋** 见图 1-2-7

现代职业足球队员用鞋多用合成材料制成，重量更轻，皮质与球表面的摩擦力更强，分为六钉球鞋和多钉球鞋两种。六钉球鞋多在湿滑的雨天使用，平时进行足球锻炼时，穿布质胶底球鞋即可。

图 1-2-7

 **护袜** 见图 1-2-8

足球运动使用的长筒袜源自英格兰的一种传统民间装束，平时进行足球锻炼时，可以穿一般的运动袜，目的是防止脚出汗后在球鞋里打滑而造成脚踝扭伤。

图 1-2-8

 **护腿板** 见图 1-2-9

护腿板的佩戴位置是将其紧固于小腿的胫骨前面，目的是防止运动时胫骨损伤。在进行足球锻炼时，要有强烈的自我保护意识，养成佩戴护腿板的良好习惯。

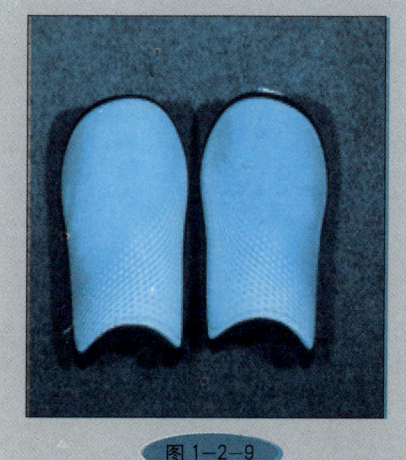

图 1-2-9

第二章 运动保健

　　体育运动对增强体质、预防疾病和促进健康具有良好的作用。但是,并非所有人从事相同的运动都会达到同样的效果。对于同一种运动负荷,不同人机体的反应差异是很大的,即使同一个体,在不同时期、不同机能状态下,对同一负荷的反应及效果也是不一样的。因此,对于不同个体,应制定适合其机能需要的运动强度、时间、频率和持续周期。从事体育锻炼一定要讲究科学性,使机体最大限度地获得运动价值,使某些疾病得到有效的防治。

第一节

自我身体评价

　　自我身体评价是指根据个体的不同情况以及简单的功能评定标准，对锻炼者进行身体评价，并以此为依据，确定具体的锻炼内容。

适宜人群

　　体适能是全身适应性的一部分，是人体精神和体力对现代生活的适应能力。为了促进健康，预防疾病，提高生活质量和工作学习效率，几乎所有人都可以追求健康体适能，而且经过简单的评价和测试，均可以成为目标人群，即适宜人群。

健康体适能评价标准

　　健康体适能是指身体有足够的活力和精力处理日常事务，而不会感到过度疲劳，并且还有足够的精力去享受休闲活动和应对突发事件。

　　健康体适能是确定锻炼者是否为运动适宜人群的主要依据。目前的评价标准主要包括国民体质测定标准、学生体质测定标准和普通人群体育锻炼标准等。

　　国民体质测定标准主要包括形态指标、机能指标和素质指标 3 个部分，各项指标的测定结果均为 1～5 分，共 5 个级别。凡各项指标达不到 4 分或 5 分者，均应被纳入健身人群。

　　学生体质测定标准分为优秀、良好、及格和不及格 4 个级别。优秀水平以下者，均应被纳入健身人群。

　　普通人群体育锻炼标准分为 5 个级别，凡达不到 4 分或 5 分者，均应被纳入健身人群。

▼ 简易运动功能评定

简易运动功能评定的目的在于确定锻炼者有无运动禁忌症或临时运动禁忌的情况，即是否适合参加体育锻炼，以达到防备万一、避免意外事故发生的目的。目前通行的方式为3分钟踏台阶测试。

❀ 目的

测试锻炼者运动后心率恢复的情况，以评估其心肺功能。

❀ 器材　见图2-1-1

30厘米高的长凳、节拍器、秒表和时钟。

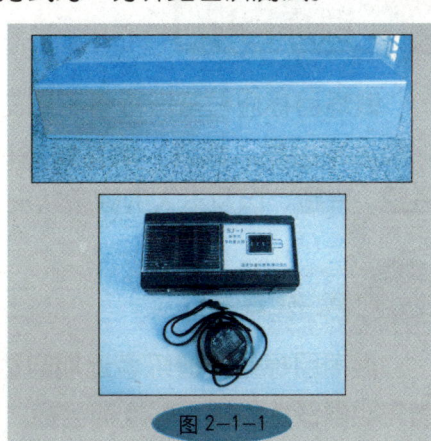

图2-1-1

自我身体评价

❀ 步骤　见表2-1-1

(1)节拍器设定为每分钟96次，锻炼者依"上上下下"的节拍运动3分钟。

(2)锻炼者完成3分钟踏台阶后，5秒钟内开始测量其脉搏，时间为1分钟，记录其心率，并依据下表评价其功能水平。

(3)运动后心率越低，证明其心肺功能越好。在运动强度允许的范围内，锻炼者可选择运动强度的较高值来进行运动。

 表2-1-1　3分钟踏台阶测试评价表

	年龄(岁)	欠佳(次)	尚可(次)	一般(次)	良好(次)	优异(次)
男士	18~25	>115	105~114	98~104	89~97	<88
	26~35	>117	107~116	98~106	89~97	<88
	36~45	>119	112~118	103~111	95~102	<94
	46~55	>122	116~121	104~115	97~103	<96
	56~65	>119	112~118	102~111	98~101	<97
	65+	>120	114~119	103~113	96~102	<95
女士	18~25	>125	117~124	107~116	98~106	<97
	26~35	>128	119~127	111~118	98~110	<97
	36~45	>128	118~127	110~117	102~109	<101
	46~55	>127	121~126	114~120	103~113	<102
	56~65	>128	118~127	112~117	104~111	<103
	65+	>128	122~127	115~121	101~114	<100

运动
保健

 注意事项

如锻炼者经过努力仍无法达标，或出现头晕、胸闷、出冷汗等症状，应立即终止测试。运动中应特别考虑运动强度，以防止出现意外。

锻炼目标

锻炼目标应根据锻炼者不同的身体状况来确定，可分为近期目标和远期目标。此外，确定锻炼目标还应结合锻炼者的运动意向、愿望、兴趣，以及本人的健康状况、疾病程度等因素来进行。

 ### 近期目标

近期目标是指锻炼者近期应达到的目标。在进行运动之前，应首先明确锻炼目标，即近期目标。选择一两个健康体适能构成要素，作为未来两个月内努力完成的目标，而且应从成功概率较高的构成要素开始，并将预期两个月后要达到的目标做上记号，如提高某个或某些关节的活动幅度，增强某个肌肉群的力量等。

 ### 远期目标

远期目标是指锻炼者最终要达到的目标。实践证明，经过科学合理的锻炼后，锻炼者是可以达到一般的远期目标的，如提高心肺功能，使其达到优秀的等级，或达到降血脂、防治高血压和冠心病的目的等。

 运动负荷

运动负荷即运动量。怎样控制运动量，合适的运动时间是多少等，一直是人们争论不休的问题。但有一点是可以肯定的，那就是任何有关身体活动的意见和建议，都需要综合考虑锻炼者的身体状况和所要达到的目标，并以此为依据来制订科学的身体锻炼计划。

运动强度

在运动过程中，运动强度过小，则无法达到锻炼的效果；运动强度过大，不仅达不到最佳的锻炼效果，还可能产生一些副作用，甚至出现意外事故。确定运动强度有两种方法，即心率简易推测法和主观感觉疲劳分级表推测法。

心率简易推测法

（1）年龄在 20 岁左右的年轻人，身体健康，能坚持体育锻炼，欲进一步提高身体机能，可取最大心率值（最大心率值 ＝220－年龄）的 65%～85%。

（2）年龄在 45 岁以下，身体基本健康，有运动习惯者，开始进行健身锻炼，可取最大心率值的 65%～80%，没有运动习惯者，开始进行健身锻炼，可取最大心率值的 60%～75%。

（3）年龄在 45 岁以上，身体基本健康，有运动习惯者，开始进行健身锻炼，可取最大心率值的 60%～75%，没有运动习惯者，建议根据自身情况咨询专业人员来指导和确定运动强度。

主观感觉疲劳分级表推测法　　见表 2-1-2

运动的疲劳程度大致分为 10 级,具体为:0～1 级,没感觉;2～3 级,尚轻松;4～5 级,稍累;6～7 级,累;8～9 级,很累;10 级,精疲力竭。因此,健身锻炼的运动强度应控制在主观感觉疲劳程度的 4～7 级。

表 2-1-2　　主观感觉疲劳分级表

0 没感觉	·	2 尚轻松	·	4 稍累	·	6 累	·	8 很累	·	10 精疲力竭

 运动频率

运动频率是指每日及每周锻炼的次数。一般每周锻炼 3～4 次，即隔日锻炼 1 次即可。有充足的休息时间，可使机体得到充分的休息，收到更好的锻炼效果。

 运动持续时间

运动保健

运动强度和运动持续时间，决定了一次锻炼的运动量和热量消耗。运动持续时间与运动强度成反比，运动强度大，运动持续时间可相应缩短，运动强度小，则运动持续时间应相应延长。

一般的健身锻炼，运动持续时间以每天 20～60 分钟为宜，其中包括准备活动时间、健身锻炼时间和整理活动时间。每次健身锻炼应在 20 分钟以上，锻炼可一次性完成，也可分段进行，但每段的活动时间应在 10 分钟以上。

第二节

运动价值

运动价值是人们一直在探讨的问题。一般认为，运动具有两方面的价值，即健身价值和心理价值。身体和精神的健康是相互依存的，伴随着身体功能的改善，精神状况也能同时得到改善。

 健身价值 ◆◆◆◆◆◆◆◆◆◆◆◆

健身价值在于提高体适能。体适能包括心肺耐力素质、肌肉力量素质、柔韧性素质和身体成分等。体适能的发展是积极从事锻炼的结果，只有规律性的体育锻炼才能达到最佳的体适能。

提高心肺耐力素质

心肺耐力是指全身肌肉进行长时间运动的持久能力，是体内心肺系统对身体各细胞的供氧能力。人体的心脏、肺、血管、血液等组织的功能是心肺耐力的基础，它们与氧气和营养物质的输送以及代谢物的清除有关。健全的心肺功能是健康的基本保证。

系统的体育锻炼，可以使心肌增厚，收缩力加强，心室容积增大，从而使心脏的泵血功能增强，表现为心血输出量增加。

系统的体育锻炼，呼吸系统机能也将得到提高，表现为呼吸肌的力量增强，肺活量、肺通气量明显增加，保证对机体供氧的能力。

系统的体育锻炼，可以促进血管系统的形态、机能和调节能力产生良好的适应力，从而提高机体的工作能力。

系统的体育锻炼，可以使血液系统产生某些适应性变化，如血容量增加、血黏度下降、红细胞膜弹性增强和红细胞变形能力增强等。

提高肌肉力量素质

肌肉力量是指肌肉最大收缩产生的对抗阻力或负荷的能力。肌肉力量只有达到一定的程度，才能克服外界阻力，而克服外界阻力是维持日常生活自理、从事各种劳动和运动的必要前提。

系统的体育锻炼，可以提高肌肉的生理横断面积，可以改善神经系统对肌肉收缩的支配功能，还可以提高肌肉内代谢物质的储备量，使肌肉力量得到提高。

提高柔韧性素质

柔韧性是指人体各关节的活动幅度，即关节的肌肉、肌腱和韧带等软组织的伸展能力。柔韧性对于保证正常生活质量、维持正常体态、预防损伤发生和减轻损伤程度等方面均起到至关重要的作用。

系统的体育锻炼，还可以延缓因年龄因素而导致的柔韧性下降，预防因缺乏运动而导致的关节结构、周围软组织和膝关节肌肉退化，从而使锻炼者的日常生活、劳动和运动等更加充满活力。

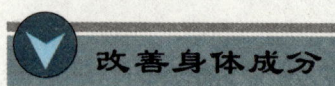
改善身体成分

身体成分是指人体体重中的脂肪组织和去脂组织的重量百分比。身体成分中的脂肪成分增加，肌肉成分必然下降。身体中不具备收缩功能的脂肪组织增加，必然导致身体进行各种活动的能力下降，基础代谢水平降低，肥胖症、冠心病、高血压、糖尿病、高血脂等慢性疾病发病率的提高。因此，身体成分是保证人体健康的重要内容之一。

通过系统的体育锻炼，随着锻炼者体质的增强，热量消耗便随之增加，进而燃烧掉体内多余的脂肪，使身体成分得到改善。而身体成分的改善，又可以减少体重对关节可能带来的不利影响，还可以使肥胖者的心理状况得到改善，增强其自信心，使其逐步建立起健康的生活方式。

心理价值

研究证明，有规律的体育锻炼不但可以使锻炼者增强体质、促进身体健康、预防一些慢性疾病，还可以提高锻炼者的生活满意度和生活质量，对其心理健康产生积极影响。

体育锻炼的心理健康效应主要表现在六个方面：

改善情绪状态

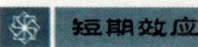
短期效应

研究发现，体育锻炼对人的情绪状态具有显著的短期效应。运动后人们的焦虑、抑郁、紧张和心理紊乱等症状会明显减轻，而精力和愉快程度则明显增强。而且这种情绪的迅速变化，与锻炼者个体的健康状况、活动形式和活动强度等有着直接的联系。

 长期效应

体育锻炼对人情绪的长期效应有着直接的影响，与不锻炼者相比，有规律的锻炼者在较长时期内很少会产生焦虑、抑郁、紧张和心理紊乱等情绪。

▼ 完善个性行为特征　见表2-2-1

人们的行为特征一般可以分为两种类型，用Ａ型行为特征和Ｂ型行为特征来表示。Ａ型行为特征主要表现为性情急躁、争强好胜、容易激动、整天忙碌和做事效率高等。Ｂ型行为特征主要表现为不好竞争、不易紧张、不赶时间、对人随和、喜欢自由自在等。具有Ａ型行为特征的人由于过度紧张的情绪反应，会引起内分泌失调，增加心脏病发病的概率。目前的一些研究主要集中在体育锻炼对改变Ａ型行为特征的作用方面。研究结果表明，有规律的体育锻炼能明显改变Ａ型行为特征。

运动价值

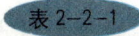 表2-2-1　Ａ、Ｂ型个性行为特征常见表现

Ａ型行为特征者常见表现	Ｂ型行为特征者常见表现
约会从来不迟到	对约会很随便
竞争意识很强	竞争意识不强
别人要讲话时总爱抢先或插话	是别人讲话时很好的听众
总是匆匆忙忙	即使有压力也从不匆忙
等待时缺乏耐心	能够耐心等待
干事时全力以赴	处事漫不经心
同时想干很多事	在一段时间里只干一件事情
讲话喜欢用加强语气，甚至敲桌子	讲话语速缓慢、不慌不忙
做了好事希望能得到别人的认可	只要自己满意即可，不管别人怎样想
吃饭、走路都很快	做事情很慢
不善与人相处	为人随和
容易暴露自己的感情	能控制自己的感情
具有广泛的兴趣	没什么业余爱好
雄心壮志	满足于目前的工作和学习状况

确立良好自我概念

自我概念是指个体对自己身体、思想和情感的主观整体评价，它由许多自我认识组成，包括我是什么人、我主张什么和我喜欢什么等。

坚持体育锻炼，可以使锻炼者体格强健、精力充沛、提高驾驭身体的能力，从而改善对自身的满意程度，确立良好的自我概念。

改变睡眠模式

根据脑电图的显示，人的睡眠可以分为两种状态，即慢波睡眠状态和快波睡眠状态。前者为浅度睡眠状态，后者为深度睡眠状态。一夜之间两种睡眠状态会交替发生 4～5 次。

有规律的体育锻炼不仅对慢波睡眠有促进作用，而且能缩短入眠的潜伏期，并延长睡眠的时间。

改善认知能力

体育锻炼还能改善人的认知过程，避免反应时间过长、注意力不集中和思维混乱等症状的发生，尤其对老年人的认知能力改善效果更为明显。

增加心理治疗效应

体育锻炼被公认为是一种心理治疗的好方法。目前人群中常见的心理疾患是抑郁症和焦虑症。研究发现，体育锻炼是治疗抑郁症的有效手段之一，抑郁症患者经过有规律的体育锻炼，抑郁症状能明显减轻。

体育锻炼还具有治疗焦虑症的作用，通过有规律的体育锻炼，可以使锻炼者的焦虑症状明显改善。

第三节

运动保护

在运动过程中，人体机能会随时发生变化。因此，应针对这种机能变化的特点来进行体育锻炼，也就是我们所说的运动保护。运动保护一般包括运动前准备、运动后放松和自我养护三个方面。

 运动前准备 ◆◆◆◆◆◆◆◆◆

准备活动是指在正式运动之前进行的有目的的身体练习。做好充分的准备活动，可以缩短机体进入最佳状态的时间，同时还可以预防运动损伤的发生，为机体发挥最大的工作效率做好功能上的准备。

 准备活动的作用

提高中枢神经系统兴奋状态

(1)使大脑反应速度加快，参加活动的运动中枢神经相互协调。

(2)为正式运动时生理机能达到适宜程度提前做好准备。

提高机体代谢水平

(1)准备活动可以使锻炼者体温升高，降低肌肉黏滞性，使肌肉的伸展性、柔韧性和弹性增强，从而有效预防运动损伤的发生。

(2)准备活动可以增强体内代谢酶的活性，使物质代谢水平提高，以保证运动时有较充分的能量供应。

克服内脏器官生理惰性

(1)准备活动可以提高心血管系统和呼吸系统的机能水平，使肺通气量及心血输出量增加。

(2)可以使心肌和骨骼肌的毛细血管扩张，使其工作肌获得更多的氧，从而克服内脏器官的生理惰性，使之尽快达到最佳状态。

增加皮肤毛细血管血流量

准备活动可以使皮肤毛细血管的血流量增加，运动后毛细血管扩张，有利于散热，降低体温，有效防止开始正式活动时由于体温过高而影响运动能力。

准备活动要求

准备活动时间

（1）准备活动的时间可以根据运动项目的具体情况确定，一般以10～30分钟为宜。

（2）准备活动与正式运动的间隔时间，一般以不超过15分钟为宜，可以在做完准备活动后立刻进行正式运动。

准备活动强度

（1）准备活动的强度和量应较正式运动小，以免引起不必要的疲劳。

（2）准备活动的量可以由心率来决定，心率以100～120次／分为宜。

准备活动内容

一般性准备活动

一般性准备活动的内容多以伸展运动开始，然后进行一般性的跑步、徒手体操等活动。

下面介绍一套常用的一般性准备活动操，供锻炼者运动前使用。这套活动操主要包括头部运动、肩部运动、扩胸运动、体侧运动、体转运动、髋部运动和踢腿运动等。

图 2-3-1

头部运动

头部运动的动作方法（见图2-3-1）：两手叉腰，两脚左右开立，做头部向前、向后、向左、向右，以及绕环运动。

肩部运动

肩部运动的动作方法（见图2-3-2）：手扶肩部，屈臂向前、向后绕环，以及直臂绕环。

扩胸运动

扩胸运动的动作方法（见图2-3-3）：屈臂向后振动及直臂向后振动。

体侧运动

体侧运动的动作方法（见图2-3-4）：两脚左右开立，一手叉腰，另一臂上举，并随上体向对侧振动。

体转运动

体转运动的动作方法（见图2-3-5）：两脚左右开立，两臂体前屈，身体向左、向右有节奏地扭转。

髋部运动

髋部运动的动作方法（见图2-3-6）：两脚左右开立，两手叉腰，髋关节放松，向左、向右360度旋转。

图2-3-2

图2-3-3

踢腿运动

踢腿运动的动作方法（见图 2-3-7）：两臂上举后振，同时一腿向后半步，重心置于前腿，两臂下摆后振，同时向前上方踢腿。

图 2-3-4

图 2-3-5

图 2-3-6

图 2-3-7

专门性准备活动

专门性准备活动的动作方法、节奏和强度等与正式锻炼相似，目的是使人体主要肌群在运动前得到动员，为正式锻炼做好准备。

运动后放松

运动后放松是指运动之后所进行的一些能够加速机体功能恢复的、较轻松的身体活动。与运动前准备活动相反，其目的是使锻炼者的生理机能水平逐步得到恢复。

放松方法

运动性手段

(1)运动结束后，锻炼者可采用变换运动部位的方法来消除疲劳，如上肢出现疲劳时可做一些慢跑运动，下肢出现疲劳时可做一些上肢运动。

(2)转换运动类型也是一种不错的放松方法，如打羽毛球出现疲劳时，可从事瑜伽运动来达到放松的目的。

(3)还可以用调整运动强度的方法来缓解疲劳，如可以在放松过程中，采用小强度的轻微运动方法等。

整理活动　见图 2-3-8

(1)整理活动是指运动后所做的一些能够加速机体功能恢复的身体活动，如剧烈运动后进行 3～5 分钟慢跑或其他整理活动，使身体机能得以恢复。

(2)剧烈运动后如不做整理活动而骤然停止动作，会影响氧气的补充和静脉血的回流，使机体血压降低，引起不良反应。

图 2-3-8

 注意事项

（1）在进行整理活动时动作应缓慢、放松，运动量不要过大，否则会引起新的疲劳。

（2）在进行整理活动时，应当保持心情舒畅、精神愉快。

锻炼后，锻炼者感觉身体疲劳是一种正常的生理现象，是体育锻炼过程中的正常反应，随着体育锻炼时间的延长，疲劳症状会自然消失。运动性疲劳出现后，锻炼者如果采用一些自我养护措施，可以加速身体机能的恢复，尽快消除疲劳，提高锻炼效果。常见的自我养护方法主要包括运动后休息、合理营养和物理手段等三种。

 运动后休息

静止性休息　见图 2-3-9

（1）静止性休息是指锻炼者运动后保持机体相对的静止状态，以促进身体机能的恢复，尽快消除疲劳。

（2）静止性休息的最佳方式之一是睡眠，特别是刚开始从事锻炼者，身体不适应或疲劳症状明显时，更应该保证足够的睡眠，否则，锻炼者虽然积极参加了体育锻炼，但收效甚微，甚至会导致过度疲劳症状的发生。

（3）静止性休息更适合于消除全身运动导致的整体疲劳症状。

图2-3-9

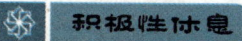 **积极性休息** 见图2-3-10

（1）积极性休息更适合由于少量肌肉群参与工作而导致的局部疲劳，或运动强度较大而导致的快速疲劳。

（2）积极性休息可以加速血液循环，有利于代谢物排出体外，对促进身体机能的恢复具有明显的效果。

图2-3-10

 **合理营养** 见图2-3-11

图 2-3-11

小强度、长时间的运动形式，主要是靠糖原的有氧代谢提供能量。运动后应及时补充淀粉类食物，如面粉、大米等，以促进消耗糖原的合成。随着人民生活水平的提高，在饮食结构中，肉类食品的比重不断增加，而淀粉类食品的比重逐渐减少，这一现象应当引起人们的注意，特别是老年人参加体育锻炼，更应注意对淀粉类食物的补充。

强度较大、时间又相对较长的运动形式，主要是靠糖原的无氧代谢提供能量。这样，糖原无氧代谢产物——乳酸便会在体内大量堆积。因此，运动后应多补充蔬菜、水果等碱性食品，以加速乳酸的清除，达到尽快消除疲劳的目的。

 物理手段

按摩及牵拉 见图2-3-12

（1）通过刺激神经末梢、皮肤结缔组织和毛细血管的按摩方法，可以使紧张的肌肉得以放松，从而改善局部组织和全身的血液循环，达到促进身体机能恢复的目的，这种方法可以在锻炼后马上进行。

（2）此外，还可以采取缓慢牵拉肌肉的方法，使收缩的肌肉得到充分的伸展放松。

水疗及电疗

（1）水疗包括芬兰式蒸汽浴、热水浴和桑拿浴等多种形式，主要作用是通过提高体温，促进血液循环，清除代谢物，以达到尽快消除疲劳、恢复体力的目的。

（2）水疗的时间一般以不超过30分钟为宜，如果时间过长，会进一步消耗体力，严重时甚至会出现暂时性脑缺血现象。

（3）如果条件允许，还可对疲劳的肌肉进行低频治疗。低频治疗仪的原理是模拟针灸疗法，使用时将电极用不干胶对称地粘贴在运动部位表皮上。这种疗法可以促进局部血液循环，改善组织代谢，缓解肌肉酸痛，消除疲劳。

图 2-3-12

第三章 基本技术

足球运动的基本技术是队员在足球比赛中所采用的合理动作的总称。基本技术是进行足球比赛以及在比赛中完成各种战术的基础,是获得比赛胜利的关键。基本技术包括颠球、踢球、接球、运球、抢截球、头顶球、假动作、掷界外球和守门员技术等。

第一节
颠球

颠球是指队员用身体的有效部位连续地触击球，并加以控制，尽量使球不落地的技术动作。基本的颠球动作包括脚背正面颠球、脚内侧颠球、脚外侧颠球、大腿颠球、肩部颠球和头部颠球等。

脚背正面颠球是运用脚趾上面和脚背正面接近趾关节处颠球的一种颠球方法。这是提高球感和球性，增强自己的足球技术以及实战能力的基本方法。

动作方法 见图3-1-1

（1）颠球时，含胸收腹，膝关节略屈，大腿带到小腿，脚尖略翘，脚向前摆动，用脚背正面部位击球的下中部，将球向上颠起。

（2）两脚可交替击球，也可一只脚支撑，另一只脚连续击球。

技术要点

用力均匀，使球能向内旋转，球既不落地又能始终控制在颠球队员的周围。

错误纠正

颠球时易出现脚击球时脚尖向下或向上，造成球受力向前或向后触碰身体，使球难以控制等问题。因此，应对脚背正面触球的部位进行略调，使其准确无误，身体协调放松，踝关节适度紧张。

图 3-1-1

脚内侧颠球

脚内侧颠球是指身体协调放松,大腿带动小腿内翻,运用内侧脚弓部位将球颠起的一种颠球方法。

动作方法 见图 3-1-2

（1）支撑腿膝关节略屈,身体重心落在支撑脚上。

（2）当球下落至膝关节以下时,颠球腿屈曲盘腿,小腿向上摆起,脚内翻,几乎呈水平状态,轻击球的下中部,将球向上颠起。

技术要点

（1）颠球腿内翻成水平,触球部位要准确,用力要协调。

（2）用脚的内侧向上摆动,击球的下部,两脚的内侧交替击球。

颠球时易出现触球部位不正确、动作不协调等问题。因此,应注意触球部位准确,动作协调放松,小腿摆动高度与触球高度要协调一致。

图 3—1—2

脚外侧颠球

脚外侧颠球是指身体协调放松,大腿带动小腿外翻,运用脚外侧部位将球颠起的一种颠球方法。

动作方法 见图 3—1—3

(1)支撑腿膝关节略屈,上体向支撑一侧倾斜,身体重心落在支撑腿上。

(2)当球下落至膝关节以下时,颠球腿小腿向上、向外摆起,脚外翻,几乎呈水平状态,轻击球的下中部,将球向上颠起。

技术要点

(1)颠球腿外翻成水平,触球

部位要准确,用力要协调。

(2)用脚的外侧向上摆动,击球的下部,两脚的外侧交替击球。

颠球时易出现触球部位不正确、动作不协调等问题。因此,应注意触球部位要准确,动作协调放松,小腿摆动高度与触球高度要协调一致。

图 3-1-3

 ★大腿颠球

大腿颠球是指身体协调放松,运用大腿部进行颠球的一种颠球方法。

❀ 动作方法 　见图3-1-4

(1)支撑腿膝关节略屈,重心落在支撑脚上,另一腿大腿抬起屈膝,当球下落至膝关节等高时,用大腿的中、前部位向上击球的下部。

(2)两腿可交替击球,也可一条腿支撑,用另一大腿连续击球。

❀ 技术要点

抬腿不宜过高,与髋关节高度平行或略高于髋关节即可。

❀ 错误纠正

颠球时易出现大腿屈膝未呈

水平、触球部位不正确、动作不协调等问题。因此，应对屈膝抬腿的触球高度进行略调，身体协调放松，大腿触球部位保持水平。

图 3—1—4

肩部颠球

肩部颠球是指身体协调放松，运用肩部进行颠球的一种颠球方法。

 **动作方法**　见图 3—1—5

（1）两臂自然下垂或略屈肘，两脚自然开立，身体重心置于两脚间。

（2）当球下落至接近颠球一侧肩部高度时，肩上耸，击球的下中部，将球向上颠起。

技术要点

触球部位要准确，触球力量适中。

错误纠正

颠球时易出现肩部触球部位不正确、动作不协调等问题。因此，

应注意触球部位准确,力量适中,不断地进行略调。

图3—1—5

 头部颠球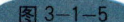

头部颠球是指身体协调放松,运用前额进行颠球的一种颠球方法。

动作方法 见图3—1—6

(1)两腿开立,膝关节略屈,屈臂上举,头部后仰,腹部略展。

(2)当球下落至前额正面高度时,蹬地伸膝,腰部略向上用力,颈部也轻轻向上用力,用前额正面击球的下中部,将球向上颠起。

技术要点

顶球时目视来球,两臂自然张开,以维持身体平衡。

错误纠正

头部颠球时易出现腿部、躯干、颈部配合用力不协调,仅靠颈

图3—1—6

部用力等问题。因此,应身体放松,目视来球,进行判断和调整。

第二节

踢球

　　踢球指球员有目的的用脚把球击向预定目标的技术。此技术主要用于比赛中的传球和射门。踢球的方法主要包括脚内侧踢球、脚背正面踢球、脚背内侧踢球、脚背外侧踢球、脚尖踢球和脚跟踢球等。

　　脚内侧踢球,又称脚弓踢球,是用脚内侧部位(跖趾关节、舟骨、跟骨等所形成的平面)踢球的一种踢球方法。脚内侧踢球技术包括脚内侧踢定位球和脚内侧踢空中球等。

脚内侧踢定位球

 动作方法　见图3-2-1

　　(1)直线助跑,支撑前的最后一步略大些。

　　(2)支撑脚站在球的侧面约15厘米处,脚尖指向出球方向,膝关节略屈。

　　(3)支撑脚着地时,踢球腿在前摆的过程中大腿外展,当膝关节的摆动接近球的正上方时,小腿做爆发式摆动,使脚内侧部位所形成的平面与出球方向垂直。

技术要点

　　(1)脚尖略翘起,踢球脚底与地面平行,踝关节要紧张,使脚形

图 3-2-1

固定。

（2）触球后身体跟随球移动，髋关节向前送。

踢球时易出现腿摆动方向不正、击球部位不准、出球力量不足等问题。因此，摆动腿应由后向前摆动，用脚内侧快速击球，注意体会出球力量。

脚内侧踢空中球

动作方法 见图3-2-2

（1）根据来球的速度和运行轨迹及时移动到位。

（2）踢球腿大腿抬起并外展，小腿屈，绕额状轴后摆。

（3）小腿由后向前摆动，当摆至额状面时与球接触，击球后中部。

技术要点

（1）注意支撑脚位置，摆腿幅度要大。

（2）大腿带动小腿摆动，用脚内侧击球。

错误纠正

踢球时易出现摆腿幅度不够、触球点不正确，致使出球不准确等问题。因此，应增加最后一步腿部的摆幅和摆速，调整好触球部位，用大腿带动小腿由后向前摆动。

图3-2-2

脚背正面踢球

脚背正面踢球，又称正脚背踢球，由于其摆幅较大，而且脚背与球接触面相对较大,因此准确性较高。但受以上因素的影响,出球方向及性质相对变化较小。脚背正面踢球包括脚背正面踢定位球、脚背正面踢侧面半高球和凌空踢倒勾球等。

脚背正面踢定位球

动作方法 见图3-2-3

(1)直线助跑,最后一步略大些,支撑脚积极着地支撑,在球的侧面10~15厘米处,脚尖正对出球方向,膝关节略屈。

(2)踢球腿随跑动向后摆动,小腿屈曲,支撑的同时,以髋关节为轴,大腿带动小腿由后向前摆动,脚趾屈,以脚背正面部位击球的后中部。

(3)击球后身体及踢球腿随球前移。

技术要点

(1)助跑的步幅要大,当膝关节摆至球内侧上方时,小腿做爆发式前摆,触球后中部。

(2)踢球脚的作用力必须通过球的水平中线,脚趾朝向地面。

错误纠正

踢球时易出现正脚背踢球偏高、支撑脚位置偏后、身体后仰或臀部后坐、踢球力量不足等问题。因此,应调整好支撑脚位置,有效控制身体姿势,支撑脚站位在球侧方10~15厘米处。

图 3—2—3

脚背正面踢侧面半高球

动作方法 见图 3—2—4

（1）根据来球速度及运行轨迹
选好击球点，身体侧对出球方向。

（2）身体向支撑一侧倾斜展腹，
踢球腿抬起，大腿伸，小腿屈，大腿
带动小腿由后向前急速摆动，用脚
背正面击球的中部。

（3）同时身体向出球方向扭转，
击球后踢球脚随球前摆着地，以维
持身体平衡。

技术要点

触球时将脚略向球上部提。

错误纠正

踢球时易出现出球方向不准、
力量不足等问题。因此，应保持支
撑脚位置正确，击球腿摆动幅度要
大，速度要快，触球部位要准确。

图 3-2-4

 凌空踢倒勾球

动作方法 见图 3-2-5

（1）根据来球速度、运行轨迹，选好击球点，及时移动到位。

（2）以踢球腿为起跳腿蹬地起跳，同时另一腿上摆，身体后仰腾空，眼睛注视来球，蹬地腿在离地后迅速上摆的同时，另一腿则向下摆动（以相向运动来保证身体在空中的平衡）。

（3）以脚背正面击球的后部，踢球后，两臂略屈，手掌向下，手指指向头部相反方向着地，屈肘，然后背、腰、臀部依此滚动式着地。

技术要点

对球的判断要准确，动作要协调，击球部位要准确。

错误纠正

踢球时易出现因动作幅度较大导致身体背部受伤等问题。因此，应先做原地躺地式踢球，当熟练后再进行凌空踢倒勾球练习。

图 3-2-5

脚背内侧踢球

脚背内侧踢球是使用第一跖骨体及跖趾关节部位触击球的一种踢球方法。其技术结构与前两类踢球方法相同,但技术细节有所区别。

 见图 3-2-6

(1)斜线助跑,助跑方向与出球方向约呈 45 度角,最后一步略大,支撑脚积极着地支撑,脚尖指向出球方向,距球内侧后方 20~25 厘米,膝关节略屈。

(2)在支撑同时,踢球腿已完成后摆,此时以髋关节为轴,大腿带动小腿由后向前摆动。

(3)当大腿摆动到与支撑腿接近同一平面时,小腿做爆发式摆动,此时脚尖外转,脚背绷直,以脚背内侧部位触击球底部。

（4）击球后踢球腿及身体继续随球向前。

触球时脚尖外转，脚背绷直，以脚背内侧部位触击球底部。

踢球时易出现触球部位不正确、踢球高度不够等问题。因此，应注意触球部位的准确性，适当增加摆幅和摆速，触球的后下部位。

图 3-2-6

脚背外侧踢球

脚背外侧踢球是用第三、四、五跖骨体侧接触球的一种踢球方法。此种踢球方法踝关节灵活性较大，摆腿方向变化较多，并且在助跑时又是正常的跑动姿势，故其出球隐蔽性较强。

动作方法　见图 3-2-7

（1）直线助跑，最后一步略大些，支撑脚积极着地支撑，在球的侧面10～15厘米处,脚尖正对出球方向,膝关节略屈。

（2）踢球腿随跑动向后摆动,小腿屈曲,支撑的同时,以髋关节为轴,大腿带动小腿由后向前摆动,用外脚背部位触球。

（3）触（击）球后身体随踢球腿的摆动前移。

技术要点

触球时,膝关节和脚尖内转,脚背绷直,脚趾紧屈,提膝。

错误纠正

踢球时易出现出球准确性不够、力量不足等问题。因此,应按要求接触球的合理部位,脚背外侧内扣绷直,大腿带动小腿发力均匀,击球的后中部。

图3-2-7

脚尖踢球

脚尖踢球,又称脚尖捅球,是用脚尖踢球的一种方法。

动作方法 见图3-2-8

（1）支撑脚跳跃上步,踢球腿屈膝前跨,髋关节尽量前送。

（2）两臂上摆协助身体向前跃出,小腿前伸,在踢球脚落地前用脚尖捅球后中部。

图 3-2-8

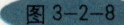

技术要点

支撑脚踏在球的侧后方，踢球脚击球时趾关节紧张用力，保持稳固。

错误纠正

踢球时易出现出球方向不准确、力量大小掌握不好等问题。因此，脚触球部位应准确，力要通过球心，根据实际需要来决定摆腿踢球的速率。

脚跟踢球

脚跟踢球是用脚跟（跖骨的后面）接触球的一种方法。由于人体结构的特点，这种踢球方法产生的力量小，但由于其出球的方向向后，故有隐蔽性和突然性。

动作方法 见图 3-2-9

（1）球在支撑脚外侧时，踢球脚在支撑脚前面交叉摆到支撑脚外侧，用脚跟击球。

（2）球在支撑脚内侧时，踢球脚后摆，用脚跟踢球。

技术要点

踢球腿大腿略伸，小腿屈。

错误纠正

踢球时易出现出球方向不准、有偏差等问题。因此，应注意调整触球部位。

图 3-2-9

第三节

接球

  接球是指队员有目的的用身体合理部位把运行中的球接下来,控制在所需要的范围内,以便更好地衔接下一个技术动作。接球包括脚内侧接球、脚背外侧接球、脚背正面接球、脚底接球、大腿接球、腹部接球和胸部接球等。

 脚内侧接球 ◆◆◆◆◆◆◆◆◆

  这是一种用脚内侧部位接球的技术。由于脚触球面积大,动作简单,较易掌握,比赛中经常使用,包括脚内侧接地滚球、脚内侧接反弹球和脚内侧接空中球等。

脚内侧接地滚球

动作方法   见图 3-3-1

  (1)支撑脚脚尖正对来球,膝关节略屈,同侧肩正对来球。

（2）接球腿提膝，大腿外展，脚尖略翘，脚底基本与地面平行，脚内侧正对来球并前迎，在脚内侧面与球接触的刹那迅速后引，把球接在脚下。

技术要点

（1）若需将球接在侧面，支撑脚脚尖应向同侧斜指，脚内侧与来球的方向呈一定角度触球，同时支撑脚提踵，以前脚掌为轴做适当转动，身体移动。

（2）当来球力量不大时，只需将脚提到一定的高度，使脚内侧与地面形成锐角轻触球。

（3）也可在触球时用下切动作，使球前进之力部分转变为旋转力，然后将球接在脚下。

错误纠正

接球时易出现球从脚下漏过或者将球卡死在接球地点、未掌握好触球部位距地面高度等问题。因此，应适当调整接球脚离地面的高度，注意缓冲，调整好触球时所形成的反射角度。

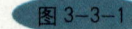

图 3-3-1

▼ 脚内侧接反弹球

动作方法　见图 3-3-2

（1）根据来球的落点，及时移动到位，支撑脚在球落点的侧前方，支撑腿膝关节略屈，身体向接球后球运行的方向偏移。

（2）接球腿提起，小腿放松，脚尖略翘，脚内侧对着接球后球运行的方向,与地面呈锐角。

(3)当球落地反弹刚离地面时,大腿向接球后球运行的方向摆动,用脚内侧部位轻推球中上部,改变球的运行方向。

 技术要点

可在触球时使球产生旋转以达到接好球的目的,但应注意球的旋转,及时加以调整。

 错误纠正

接球时易出现球从脚下漏过、球距离身体过远等问题。因此,应适当调整触球的高度,脚触球时动作要轻柔,身体重心向球运行方向移动。

脚内侧接空中球

 动作方法 见图3-3-3

(1)根据来球的速度和运行轨迹,及时移动到位。

(2)接球时,支撑脚对正来球方向,接球腿抬起,使脚内侧部位对准来球的方向前迎,在脚触球刹那间后撤,将球接在所需要的位置上。

(3)身体重心迅速移动跟上。

 技术要点

若来球为抛物线较小的平空球,则应根据临场的实际情况选择适当高度的接球点。

图3-3-2

错误纠正

接球时易出现身体重心靠后、接球后球距离身体过远等问题。因此，应进行预判，调整身体姿态，重心及时向球运行方向移动。

图 3-3-3

脚背外侧接球

这是一种用脚背外侧部位接球的技术。由于脚与球接触面积较大，容易掌握，比赛中常使用这种技术接各种地滚球、反弹球。

动作方法 见图 3-3-4

（1）将接球点放在接球腿的一侧，支撑腿膝关节略屈。

（2）接球腿提起，屈膝，脚内翻，使小腿和脚背外侧与地面呈一锐角，并对着接球后球运行的方向，脚离地面高度应略等于球的半径，然后大腿向接球后球运行的方向推送，同时身体随球移动。

技术要点

根据来球方向，及时前移迎球。

错误纠正

接球时易出现球从脚下漏过或者将球卡死在接球地点、接球后球未能达到理想位置等问题。因此，应适当调整接球脚提离地面的高度，注意缓冲。

图 3-3-4

脚背正面接球

这种接球方法因为脚与球接触面积较大，易于掌握，多用于接有较大抛物线的来球。

动作方法 见图 3-3-5

（1）根据球的落点，及时移动到位，脚背正面上迎下落的球。

（2）在球与地面接触的瞬间，接球脚与球下落的速度同步下撤，此时膝关节、踝关节和脚趾均保持适度的紧张，脚尖略翘，将球接到需要的地方。

技术要点

（1）支撑腿维持身体平衡，接球腿屈膝向前上方抬起，用脚背正面对准来球。

（2）当球与脚背接触时，小腿与脚腕放松下撤，缓冲来球力量，使球落在身前。

接球时易出现对来球性质判断不准、正脚背缓冲动作不充分等问题。因此，应及时做好预判，快速移动，尽早、尽快触球，大腿带动小腿下落，缓冲动作要充分。

图 3—3—5

由于脚底接球技术便于掌握，易于将球接到位置，故常用来接各种地滚球和反弹球。

❀ 动作方法　见图3—3—6

（1）支撑脚站在球的侧方，脚尖正对来球方向，脚底与地面所呈的角度略小于 45 度（且脚跟离开地面）。

（2）在触球瞬间，以前脚掌触球的上部将球停住。

❀ 技术要点

（1）根据来球方向，及时前移迎球。

（2）也可根据需要在接球同时，将球推向体前或拉向体后。

❀ 错误纠正

接球时易出现球从脚下漏

图 3—3—6

过、将球卡死在接球地点、触球部位过高、接球后球未能达到理想位置等问题。因此，应多做脚底向前推球、向后拉球的模拟练习，判断来球性质，快速移动，尽早尽快触球。

大腿接球

大腿接球一般可以用来接抛物线较大的高空球和略高于膝关节的低平球。

 动作方法　见图3-3-7

（1）面对来球，接球腿大腿抬起，以大腿中部对准下落的球。

（2）当球接触大腿时，顺势向下撤腿，使球落在下一个动作所需要的位置上。

技术要点

根据球的落点迅速移动到位。

错误纠正

接球时易出现来球性质判断不准、接球后球未到预定位置等问题。因此，应快速移动，尽早、尽快触球，大腿及时做好缓冲动作。

图3-3-7

腹部接球

在激烈的足球比赛中，为了抢点控制球，可以用腹部接球。

动作方法　见图3-3-8

（1）身体正对来球方向，判断好球的落点，身体前倾，腹部对准落地反弹的球，腹直肌保持紧张，推压球前进。

（2）也可在触球瞬间身体侧转，将球接向所需要的侧面。

技术要点

在腹部与球接触的瞬间迅速含胸收腹，将球接下来。

接球时易出现来球性质判断不准、接球后球未到预定位置等问题。因此,应快速移动,尽早、尽快触球,提前对来球进行预判,腹部做好缓冲下压动作。

胸部接球

胸部接球因为胸部面积大,肌肉较丰满,因此动作易于掌握。加之接球部位较高,故是接高球的一种好方法。胸部接球包括挺胸式接球和收胸式接球两种方法。

挺胸式接球

动作方法 见图3-3-9

(1)面对来球,两脚左右或前后开立,两膝略屈,上体后仰,下颌略收,两臂自然张开,维持身体平衡。

(2)接触球瞬间,两脚蹬地,膝关节伸直,挺胸廓轻托球下部,使球略弹起于胸部前上方。

技术要点

身体由下向上发力,向上、向后缓冲来球力量并改变来球方向。

错误纠正

接球时易出现接球部位不准

图3-3-8

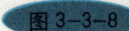

图3-3-9

确、动作衔接不好等问题。因此,应做好来球预判,快速移动,尽早、尽快接球,做完接球动作后迅速含胸收腹,衔接下一个动作。

**收胸式接球**

动作方法 见图3-3-10

(1)面对来球,两脚左右或前后开立,两臂自然张开,挺胸迎球。

(2)接触球瞬间,收胸、收腹,臀部后移,将球接在体前。

(3)若需将球移在体侧时,则接球瞬间转体,将球接在转体后的相应一侧。

技术要点

收胸式接球多用于接齐胸高的平直球,要求移球动作协调放松。

错误纠正

接球时易出现接球部位不准确、动作衔接不好等问题。因此,应要做好来球预判,快速移动,尽早、尽快接球,当做完接球动作后重心迅速移动,衔接下一个动作。

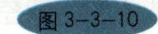
图3-3-10

第四节

运球

运球是指队员在跑动中为将球控制在自身范围内,有目的的用脚连续推拨球的动作。采用运动方法晃过防守队员时称为运球过人。运球技术包括脚内侧运球、脚背正面运球、脚背内侧运球、脚背外侧运球和运球过人等。

脚内侧运球

脚内侧运球时肩部指向运动方向,身体侧转,因而移动速度较慢。但由于身体前倾有利于将对方与球隔开,因而多用在运球寻找配合传球时,或有对方阻拦,需用身体做掩护时。

动作方法 见图 3-4-1

(1)运球前进时,支撑脚始终领先于球,位于球的侧前方,肩部指向运球方向,支撑腿膝关节略屈,重心放在支撑腿上。

(2)另一条腿提起屈膝,用脚内侧推球前进,然后运球脚着地。

技术要点

脚内侧运球技术多用于掩护性运球,易于控球,但速度较慢。

错误纠正

运球时易出现因身体僵硬而造成不恰当触球,步幅过大、重心偏高而不能随心所欲控球等问题。因此,应身体协调放松,降低重心,高频率触球,保持灵活性。

图 3-4-1

脚背正面运球

由于脚背正面运球时是正常跑动姿势,故可以发挥出较快的速度,因而多用于运球前方较长距离内无对方阻拦时。变速运球也多用脚背正面。

动作方法 见图 3-4-2

(1)运球时身体保持正常跑动姿势,上体略前倾,步幅不宜过大;

(2)运球腿提起,膝关节略屈,髋关节前送,提踵,脚尖下指,用脚背正面部位触球,对后中部推送前进。

直线推拨，速度要快。

运球时易出现因步幅过大、重心偏高而造成脚尖捅球等问题。因此，应降低重心，高频率触球，保持灵活性，适当调整触球力量，避免造成踢球跑。

图3-4-2

 脚背内侧运球

由于接触部位和支撑位置的特点，易于完成向支撑脚一侧的转动，故多用于向支撑脚一侧的转动变向运球。

动作方法 见图3-4-3

身体略侧转，自然放松，步幅略小，上体前倾，运球腿提起外展，略屈膝，提踵，脚尖外转，用脚背内侧推拨球的后中部。

技术要点

控球较稳，但运球速度较慢。

错误纠正

运球时易出现因身体僵硬而造成不恰当触球，步幅过大、重心偏高而不能随心所欲控球等问题。因此，应保持身体协调放松，触球力量适中，降低重心，高频率触球，保持灵活性。

图3-4-3

脚背外侧运球

用脚背外侧运球时，身体姿势与正常跑动姿势相同，可以发挥出较快的速度，故与脚背正面运球有相同的用途。

动作方法 见图3-4-4

（1）运球时身体保持正常跑动姿势，上体略前倾，步幅不宜过大。

（2）运球腿提起，膝关节略屈，髋关节前送，提踵，脚尖向内旋转，使脚背外侧正对运球方向，在运球脚落地前，用脚背外侧推拨球的后中部。

技术要点

（1）利用踝关节的动作可以很快改变脚背外侧所正对的方向，故在运球脚一侧改变方向时也多采用这种运球方法。

（2）这种方法能用身体将对方与球隔开，故掩护时也常使用。

错误纠正

运球时易出现因身体僵硬而造成不恰当触球、步幅过大、重心偏高而不能随心所欲控球等问题。因此，应身体协调放松，触球力量适中，降低重心，高频率触球，保持灵活性。

图3-4-4

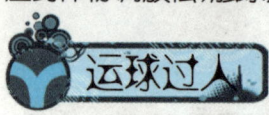
运球过人

在无人阻拦时，可以将球控制在自己的周围。但若遇到阻拦时，要想越过对手的阻拦，必须恰当地综合使用这些方法，抓住瞬间出现的漏洞，达到过人的目的。运球过人技术包括利用速度强行过人，利用变速运球过人，利用身体掩护强行过人，恰当组合拨、扣、拉等动作过人等。

利用速度强行过人

❄ **动作方法** 见图 3-4-5

运球队员以突然快速推拨球(力量较大)与快速奔跑相结合,越过对方的阻拦。

❄ **技术要点**

推拨球力量要与突然起动速度相结合。

❄ **错误纠正**

运球时易出现推拨球动作突然性不足、不能摆脱对方等问题。因此,应快速突然起动,加快起动速度。

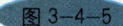

图 3-4-5

利用变速运球过人

 动作方法 见图 3-4-6

对方在运球队员侧面，运球队员用另一侧脚运球，利用运球速度的变化达到甩掉对手或越过对手的目的。

技术要点

运球队员必须能很好地控制球与自己的身体，做到球随人来，人随球走。

错误纠正

运球时易出现动作隐蔽性差、推拨球速度慢等问题。因此，应快速摆脱对方，加快起动速度。

图 3-4-6

利用身体掩护强行过人

动作方法 见图 3-4-7

（1）当运球队员接近对方时，双方速度减慢，运球队员侧身用身体靠住对方，以另一侧脚将球拨出。

（2）同时转身，将对方倚在身后，随球将其越过。

技术要点

（1）要求运球队员有能力倚住对方，而不被其挤开。

（2）将球控制在远离对方一侧，对方伸脚时不能触击球。

（3）在抵住对方时，不可将重心偏离支撑面，否则一旦对方闪开时，自己会失去平衡。

错误纠正

练习时易出现因两眼只盯着球而不能随时观察周围情况、身体僵硬而造成不恰当触球等问题。因此，应做到控球与观察对方相结合，身体协调放松，适度紧张。

图 3-4-7

恰当组合拨、扣、拉等动作过人

 动作方法 见图 3-4-8

（1）拨球过人（以从防守队员右侧突破为例）：运球队员面对防守队员，右脚向侧前方跨出一步，上体随之向右侧晃动，借以迷惑对方，当对方跟随移动时，运球队员迅速用右脚内侧向左侧拨球，并立即推球前进，摆脱对方。

（2）扣球过人：运球队员运球逼近防守队员，右脚向侧前方跨出一步，上体随之向右侧晃动，当防守队员跟随移动跨步抢截时，运球队员突然用右脚脚背内侧向左侧扣球，并快速起动，超过对方。

（3）拉球过人：运球时，防守队员从侧面抢截，运球队员突然用脚掌踩在球的上部，向后拖拉球，当球拉回到支撑脚后时，用脚内侧将球向侧面推出，并迅速转身，快速超过对方。

技术要点

(1)拨球时运用踝关节的扭拨动作,以脚背内侧或脚背外侧触球,将球拨向身体的侧前方、侧方或侧后方;

(2)扣球时用突然转身和踝关节急转扣压动作,以脚背内侧或脚背外侧触球,将球停下或改变方向,进行运球;

(3)拉球时用脚掌将球由前向后或由左(右)向右(左)做拖拉球的动作。

错误纠正

练习时易出现因身体僵硬而造成不恰当触球、运用动作方法和时机掌握不好等问题。因此,应使身体适度紧张,根据实际情况灵活选择动作方法和恰当运用时机。

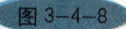

图3-4-8

第五节

抢截球

抢截球是指队员在规则允许的范围内，用身体的合理部位将对方的控球权夺过来或破坏掉。抢截球技术包括正面跨步堵抢、合理冲撞抢球和铲球等技术。

正面跨步堵抢是对方运球正面而来，抢球队员运用跨步堵抢技术，将球抢过来或破坏掉的一种技术。

动作方法　见图3—5—1

（1）两脚前后开立，迎着控球队员而站，两膝略屈，身体重心下降置于两脚间，两人相距1.5米左右。

（2）当对方运球脚触球后即将落地或刚刚落地时，脚用力蹬地并跨步向前，以脚内侧部位去堵截球，已堵住球时，另一只脚迅速上步。

（3）若对方用脚堵住球，应将另一只脚迅速前移做支撑脚，抢球脚在不脱离球的情况下迅速向上提拉，使球从对方脚面滚过，身体重心也迅速跟上，将球控制好。

技术要点

预判要准，动作要快，抢球要狠。

错误纠正

练习时易出现因堵抢触球部位不准确而造成失误等问题。因此，应在抢球时保持好身体重心，两眼注意对方脚下球，抓住对方控球脚离球瞬间，出脚快速、坚决。

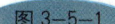

图 3-5-1

 合理冲撞抢球 ◆◆◆◆◆◆◆◆◆

合理冲撞抢球是在并肩与控球队员跑动追球时,用肩肘部位冲撞对方相应部位,以达到抢球目的。

动作方法 见图 3-5-2

(1)当并肩与控球队员跑动追球时,重心略下降,靠近对方一侧紧贴身体。

(2)利用对方同侧脚离地的过程,用肘关节以上部位适当冲撞其同样部位,使其身体失去平衡,乘机将球控制住。

技术要点

上臂不得扩张,力量要适当,不得猛烈或带有危险性。

错误纠正

练习时易出现因动作幅度过大导致犯规以及丢掉抢球权等问题。因此,应保持好重心,身体一侧主动向对方贴近,运用合理恰当的方法占据有利位置。

图 3-5-2

 **铲球**

铲球动作属于个人防守技术,具有动作幅度大、危险性高等特点,在练习或比赛时应避免受伤。铲球技术包括正面铲球、异侧脚铲球和同侧脚铲球等。

正面铲球

 动作方法 见图 3-5-3

(1)移动接近控球队员,膝关节略屈,重心下降,当控球队员触球后尚未落地时,两脚沿地面向球滑铲。

(2)随即用手扶地,做侧向翻滚,并尽快起身。

技术要点

注意滑铲脚不要抬起。

错误纠正

练习时易出现铲球不到位、下脚时机不准、动作不协调等问题。因此,应注意对方控球脚的移动,找准机会,快速倒地铲球。

图 3-5-3

异侧脚铲球

动作方法　见图 3-5-4

（1）当双方都不能正常触球时（指跑动中），根据与球的距离，同侧脚用力蹬地，使身体跃出，异侧脚向前沿地面对着球滑出，用脚底将球铲出，小腿外侧、大腿外侧、手臂依次着地。

（2）或者铲出球后身体向铲球腿一侧翻转，手撑地后立即起身，使身体恢复到与下一动作衔接的状态和位置。

技术要点

注意脚把球铲出后，小腿外侧、大腿外侧、手臂依次着地。

错误纠正

练习时易出现铲球脚离地面

图 3-5-4

超过球的高度，造成犯规等问题。因此，铲球脚应沿地面滑铲，抓准时机，整个动作要协调发力，铲球脚离地面不要超过球的高度。

同侧脚铲球具有动作伸展、防守面积广等特点。

动作方法 见图3-5-5

（1）防守队员在跑动中根据双方离地的距离作出判断，当对手不能立即触球时，用异侧脚用力蹬地，使身体向前跃出，同侧脚沿地面向前滑出的同时向外摆踢（脚踝应有向外的动作），用脚背外侧将球踢出。

（2）也可用脚尖将球捅出，接着面向对手一侧翻转，迅速恢复到下一个动作所需要的位置。

技术要点

预判要准，动作要快。

错误纠正

练习时易出现因铲球脚离地面超过球的高度而造成犯规等问题。因此，应使铲球脚沿地面滑铲，抓准时机，整个动作协调发力。

图3-5-5

第六节

头顶球

头顶球是指队员有目的的用前额将球击向预定目标的动作。使用头顶球，不仅可以进行传球、抢断球、高球射门，而且还可以扩大队员的控制范围。头顶球技术包括前额正面头顶球和前额侧面头顶球等。

前额正面头顶球 ◆◆◆◆◆◆◆◆◆

前额正面头顶球包括原地前额正面头顶球、跑动中前额正面头顶球和原地跳起前额头顶球等。

▼ 原地前额正面头顶球

 动作方法 见图3-6-1

（1）身体正对来球方向，目视运动中的球，两脚左右开立或前后开立，膝关节略屈，重心置于两脚间或后脚上，两臂自然张开。

（2）当球运行到将垂直于地面时，两脚用力蹬地，迅速向前摆体，略收下颌，在触球瞬间，颈部做爆发式振摆，用前额正面击球中部，上体随球前摆。

技术要点

（1）做好预判，及时移动到位。

（2）身体协调放松，屈臂上举，维持平衡，头触球时颈部要固定，运用腰腹肌力量协调用力。

错误纠正

顶球时易出现顶球位置错误等问题。因此，应克服恐惧心理，目视来球，加强对来球的判断，把握顶球时机，充分发挥腰腹肌的力量。

图3-6-1

跑动中前额正面头顶球

动作方法 见图3-6-2

(1)与原地前额正面头顶球动作方法相同,只是第一环节须对来球跑出抢点。

(2)球顶出后,由于跑动速度较快,为保持平衡,须随球向前移动。

技术要点

(1)在跑动中对来球进行准确判断,及时抢点。

(2)球顶出后,注意保持身体平衡。

错误纠正

顶球时易出现顶球位置错误等问题。因此,应克服恐惧心理,目视来球,加强对来球的判断,把握顶球时机,充分发挥腰腹肌的力量。

图3-6-2

原地跳起前额头顶球

动作方法 见图3-6-3

(1)两膝略屈,重心下降,两脚用力蹬地起跳,同时两臂屈肘上摆,在身体上升阶段展腹挺腰,两臂自然张开,目视来球,身体自然呈背弓。

（2）当球运行至身体额状面时，迅速收腹，上体前摆，触球瞬间颈部做爆发式振摆，用前额正面将球顶出，同时两腿向前振摆，球顶出后两腿屈膝、屈踝落地。

技术要点

起跳后上体向出球的相反方向摆动，在身体达到最高点时，上体急速向触球方向摆出，用前额正面击球的后中部。

错误纠正

顶球时易出现顶球位置错误等问题。因此，应克服恐惧心理，目视来球，加强对来球的判断，把握顶球时机，充分发挥腰腹肌的力量。

图 3-6-3

前额侧面头顶球

前额侧面头顶球包括原地前额侧面头顶球和跳起前额侧面头顶球等。

原地前额侧面头顶球

动作方法　见图 3-6-4

（1）根据球的运行速度、运行轨迹，及时移动到位，两脚前后开立或左右开立，出球方向的异侧脚在前，重心逐渐过渡到前脚上，目视来球,前膝略屈,两臂向侧后方自然张开。

(2)当球运行至体前上方时,用力蹬地,前脚掌适度旋转,上体随着向出球方向扭摆,同时用力向击球方向甩头,以前额侧面击球的后中部。

技术要点

(1)身体呈后弓状,用上肢来维持身体平衡。

(2)可以灵活根据场上实际需要,来确定顶球的部位,以期达到最佳效果。

错误纠正

顶球时易出现顶球位置错误等问题。因此,应克服恐惧心理,目视来球,加强对来球的判断,把握顶球时机,充分发挥腰腹肌的力量。

图3-6-4

跳起前额侧面头顶球

动作方法　见图3-6-5

(1)在起跳后的身体上升阶段,上体向出球的相反方向侧摆,当身体达到最高点时,上体急速向出球方向摆出,颈部扭摆甩头,用前额侧面击来球的后中部,将球击向预定目标。

(2)落地时屈膝,以缓冲落地力量,保持身体平衡。

（1）身体跳起呈后弓状，甩头击球动作要连贯，用上肢来维持身体平衡。

（2）可以灵活根据场上实际需要，来确定顶球的部位，以期达到最佳效果。

错误纠正

顶球时易出现顶球位置错误等问题。因此，应克服恐惧心理，目视来球，加强对来球的判断，把握顶球时机，充分发挥腰腹肌的力量。

图 3-6-5

第七节

假动作

　　足球比赛中，队员为了争取时间、空间上的优势，取得控球权或控制好球以达到射门的目的，常采用一些虚假动作掩饰自己的真实意图。下面简单介绍几个有代表性假动作技术，包括马修斯技术、克鲁伊夫转身、马拉多纳式、剪式技术、向后拉球转身、脚背内侧扣球转身、脚背外侧扣球转身、踩停转身和跨球转身等。

 **马修斯技术** ◆◆◆◆◆◆◆

马修斯技术是以英国国际球星马修斯的名字命名的。他曾被喻为"运球魔术师"。

动作方法 见图3-7-1

（1）用右脚内侧拨球至左侧，身体向左倾斜，左肩沉下，佯装左边突破。

（2）迅速将右脚移至球的侧后方，以便右脚外侧推拨球。

（3）用右脚外侧向侧前方推拨球并超越对方，随着推球，加速摆脱。

技术要点

假动作应适当夸大，使对方跟随运球虚晃动作发生重心的偏移，然后迅速用另一侧脚背外侧拨球，并转身越过对方。

错误纠正

练习时易出现假动作不够逼真，被对方识破等问题。因此，应加大假动作幅度迷惑对方，加快动作的速率，根据场上情况随机应变。

图3-7-1

 **克鲁伊夫转身** ◆◆◆◆◆◆◆

这种转身技术是以约翰·克鲁伊夫的名字命名的。克鲁伊夫是20

世纪 70 年代荷兰的世界级球星，他经常运用这一转身技术来摆脱紧盯他的对方。

动作方法 见图 3—7—2

以右脚做佯踢，则以左脚为轴转动身体，用右脚把球从身后拨至左脚的外侧方向。

技术要点

加速摆脱对方是最重要的，一旦转身后突破了对方，决不能让其有回位的时间。

错误纠正

练习时易出现假动作不够逼真，被对方识破等问题。因此，应加大假动作幅度迷惑对方，加快动作的速率，根据场上情况随机应变。

假动作

图 3—7—2

马拉多纳式

这是阿根廷球星马拉多纳经常运用的运突技术,故得名。

动作方法 见图 3-7-3

(1)当球滚来时,先用右脚踩停球。

(2)右脚离球并向外侧跨一步,使身体绕球转身。

(3)转身同时,用左脚把球拉向身后,再次转身,带球超越对方。

技术要点

身体要协调放松,踩球、转身、运球动作要快速。

错误纠正

练习时易出现假动作不够逼真,被对方识破等问题。因此,应加大假动作幅度迷惑对方,加快动作的速率,根据场上情况随机应变。

图 3-7-3

剪式技术

剪式技术是运球突破的常用动作。

动作方法 见图3-7-4

（1）拨球于身体的右前侧，佯装用右脚外侧推球，实际上从球上跨过，这将使防守队员身体重心移至错误的脚上。

（2）用左脚外侧向前推拨球并超越对方，伴随这一动作，加速摆脱。

技术要点

根据比赛的实际情况，适当选择在球上绕跨的次数，重在运球突破的效果。

错误纠正

练习时易出现假动作不够逼真，被对方识破等问题。因此，应加大假动作幅度迷惑对方，加快动作的速率，根据场上情况随机应变。

假动作

图3-7-4

向后拉球转身

向后拉球转身是运球队员在比赛中变向的比较常用的方法。

动作方法 见图3-7-5

（1）腿向后摆假装要踢球，但却将脚从球上摆过。

（2）当腿再次后撤时，用脚掌放在球的顶部，将球拉回，同时另一只脚开始旋转，身体向运球方向倾斜。

（3）当把球拉回，完全转过身时，加速越过对方。

技术要点

假踢要逼真，拉球要快速，转身推球要快。

错误纠正

练习时易出现假动作不够逼真，被对方识破等问题。因此，应加大假动作幅度迷惑对方，加快动作的速率，根据场上情况随机应变。

图3-7-5

脚背内侧扣球转身

脚背内侧扣球转身要与护球相结合。

动作方法 见图 3-7-6

向球前方伸一大步,用脚背内侧扣球,以另一只脚为轴转身,转身后加速摆脱对方。

技术要点

假踢真扣要逼真,转身加速要突然。

错误纠正

练习时易出现假动作不够逼真,被对方识破等问题。因此,应加大假动作幅度迷惑对方,加快动作的速率,根据场上情况随机应变。

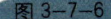
图 3-7-6

脚背外侧扣球转身

此技术与脚内侧扣球技术相似,区别在于以脚背外侧来扣球。

动作方法 见图3-7-7

向球前方伸一大步,用脚背外侧扣球,以另一只脚为轴转身,转身后加速摆脱对方。

技术要点

假踢真扣要逼真,转身加速要突然。

错误纠正

练习时易出现假动作不够逼真,被对方识破等问题。因此,应加大假动作幅度迷惑对方,加快动作的速率,根据场上情况随机应变。

图3-7-7

基本技术

踩停转身

在快速运球的过程中，踩停转身是突然变向的常用方法。

动作方法　见图 3-7-8

用一只脚踩停球于脚下，转身 180 度，用另一只脚的外侧迅速把球带走，加速摆脱对方。

技术要点

踩停球要突然，推球加速速度要快。

错误纠正

练习时易出现假动作不够逼真，被对方识破等问题。因此，应加大假动作幅度以迷惑对方，加快动作的速率，根据场上情况随机应变。

假动作

图 3-7-8

 跨球转身

跨球转身要与护球、变向相结合。

动作方法 见图3—7—9

（1）佯装以脚内侧传球，脚从球上跨过，跨过时脚的动作应低且靠近球。

（2）以跨过脚为轴转动身体，并用另一只脚带球摆脱。

技术要点

跨球虚晃动作重心的移动要突然快速，动作连贯协调，注意加速摆脱对方。

错误纠正

练习时易出现假动作不够逼真，被对方识破等问题。因此，应加大假动作幅度迷惑对方，加快动作的速率，根据场上情况随机应变。

图 3—7—9

第八节

掷界外球

由于掷界外球不受越位规则的束缚，因此，不仅用于恢复比赛，而且可以为进攻创造有利条件。尤其是在前场30米内掷界外球，可以给对手造成很大威胁。掷界外球技术包括原地掷界外球和助跑掷界外球等。

 **原地掷界外球**

原地掷界外球，顾名思义，即站在原地掷界外球。

动作方法 见图3-8-1

（1）面对来球方向，两脚前后或左右开立，每只脚均有一部分站在边线上或边线外。

（2）膝关节弯曲，上体后仰呈背弓，重心移至后脚上，左右开立时，重心放在两脚间，两手自然张开，拇指相对，持球的侧后部，屈肘将球置于头后。

（3）掷球时，后脚用力蹬地（或两脚用力蹬地），两腿迅速伸直，身体重心由后脚移到前脚，收腹屈体，同时两臂急速前摆。

（4）当球摆到头上时，用力甩腕，将球掷入场内，掷球时后脚可沿地面向前滑动，两脚均不得离地。

技术要点

（1）掷界外球的动作是一个下端固定的爆发式的平摆运动，需要稳固的支撑。

（2）根据身高和臂长掌握合理的掷出角度（不超过45度），一般出手早掷出角度大，反之则小。

（3）球出手速度快则掷得远，这需要力量基础和协调用力能力。

错误纠正

练习时易出现因掷界外球动作不符合规则要求而造成犯规，用力

不协调、掷出角度不合理而影响出球远度等问题。因此,应准确掌握掷界外球的动作方法,根据场上情况合理运用,身体协调放松,保证球出手的速度和力量。

图 3-8-1

助跑掷界外球

助跑掷界外球,顾名思义,即通过助跑掷界外球。

动作方法 见图 3-8-2

(1)两手持球放在胸前,在助跑迈出最后一步时,上身后仰呈背弓,同时将球上举至头后。

（2）掷球时的动作与原地掷界外球相同。

充分利用助跑的初速度，有助于将球掷远。

错误纠正

练习时易出现因掷界外球动作不符合规则要求而造成犯规，用力不协调、掷出角度不合理而影响出球远度等问题。因此，应准确掌握掷界外球的动作方法，根据场上情况合理运用，身体协调放松，保证球出手的速度和力量。

掷界外球

图 3-8-2

第九节

守门员技术

　　守门员是全队最后一道防线,主要任务是守住本方球门。随着现代足球运动的迅速发展,守门员除镇守球门外,还要协助控制罚球区,组织和指挥全队的防守和进攻。守门员技术包括准备姿势、接球、扑球、击球、托球和发球等。

准备姿势

　　准备姿势是做其他动作的一个开始姿势,可使守门员注意力高度集中、随时根据场上情况作出反应。

动作方法　见图3-9-1

　　(1)两脚左右开立,与肩同宽,两脚跟略提起,身体重心落在前脚掌上。

　　(2)两腿屈膝,略内扣,上体略前倾,两臂自然屈肘于体前,手指自然张开,目视来球。

技术要点

　　含胸抬头,掌心相对或对准来球方向。

错误纠正

　　练习时易出现重心不稳、手掌姿势不正确等问题。因此,应上体前倾,重心放在前脚掌上,两手掌呈半圆形相对。

图3-9-1

 **接球**

接球是守门员技术的基础和重点，包括直腿式接地滚球、单腿跪撑式接地滚球、接平空球和接高空球等。

 直腿式接地滚球

动作方法 见图3-9-2

面对来球，弯腰，两膝伸直，两腿分开，两手掌心向上，前迎触球后，将球抱入怀中。

技术要点

上身前屈，两臂并肘，略屈前倾。

错误纠正

练习时易出现上身前屈不充分，导致迎面来球从裆下漏过等问题。因此，应上体前屈，两臂并肘前迎，整个手呈"圆勺"形，在手指、手掌触球瞬间，适当用力。

 单腿跪撑式接地滚球

动作方法 见图3-9-3

（1）接右侧地滚球时，右腿屈，左腿呈跪姿撑于右脚附近，其余动作与直腿式接球相同。

（2）接左侧地滚球时，动作相同，方向相反。

图 3-9-2

技术要点

多用于向侧移步接球。

错误纠正

练习时易出现左腿跪撑不充分、手触球瞬间腕关节没有紧张用力、没有缓冲动作等问题。因此,应单脚内扣呈跪撑,防止球从胯下漏过。

图 3-9-3

 接平空球

动作方法　见图 3-9-4

（1）身体正对来球方向,两腿分开,与肩同宽,上身略向前倾,两手掌心向上,小指相靠,前迎接球。

（2）当手触球时略后撤,以缓冲来球力量,将球抱于胸前。

技术要点

上体前屈,重心位于两脚的前脚掌。

错误纠正

迎球时易出现上身没有前倾、没有缓冲动作等问题。因此,上体应保持前倾,手触球时手指、手腕适当用力,屈肘回撤缓冲,将球抱于胸前。

图 3-9-4

 接高空球

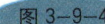 **动作方法** 见图 3-9-5

（1）面对来球蹬地起跳，两臂上伸，两手拇指相对，呈"八"字形，其余四指略屈，手掌对球。

（2）在最高点手触球瞬间，手指、手腕适当用力，缓冲来球力量并将球接住，顺势转腕屈肘，将球抱于胸前。

技术要点

预判要准，伸臂在最高点接球，膝关节抬起，做自我保护动作。

错误纠正

练习时易出现因对空中来球判断不准而造成接球脱手、在接球时与其他队员相撞等问题。因此，应准确判断，及时移动到位，手指、手腕用力适当，在起跳前大声警告，并且单膝高抬，做好自我保护动作。

图 3-9-5

扑球是守门员技术的难点,是在守门员重心无法移动到位的情况下,利用倒地加速重心向球侧移动的一种动作方法,包括扑侧面球和扑平空球等。

扑侧面球

动作方法　见图 3-9-6

(1)做好准备姿势,目视来球,精力集中。

(2)扑球时,异侧脚用力蹬地,两手快速向侧伸出,一手置于球后,另一侧手置于球的侧后上方。

(3)同时身体向同侧脚方向倒地,落地时小腿、大腿、臀部、肘外侧依次着地,落地后即团身。

技术要点

落地要有缓冲动作。

错误纠正

练习时易出现重心向侧偏移、扑球点和时机选择不准、未扑到球等问题。因此,应多做向左、向右侧扑球练习和重心左右移动练习,体会动作要领。

图 3-9-6

扑平空球

动作方法 见图3-9-7

（1）做好准备姿势，目视来球，精力集中。

（2）扑球时，用力蹬地腾空跃起，两手快速向侧伸出，一手置于球后，另一侧手置于球的侧后上方，同时注意空中展体，手指用力抓住球。

（3）接球后，球、前臂、上臂、肩、上体、臀部、大腿、小腿外侧依次着地，迅速团身。

技术要点

落地要有缓冲动作。

错误纠正

练习时易出现对来球判断不准、腾空动作不充分、姿势不舒展、扑空球等问题。因此，应准确判断，及时移动到位，蹬地有力，身体舒展、顺次落地，迅速团身做好自我保护。

图3-9-7

击球

击球常在出击时的防守和争抢高球无把握的情况下使用,特点是凶狠、有力、果断。下面主要介绍一下拳击球。

动作方法 见图3-9-8

(1)准确判断来球运行路线,及时移动到位,体略侧转。

(2)当身体跳起达到最高点时,快速回转,击球手臂位于肩上侧,屈压握拳,以肘关节带动手臂挥拳。

技术要点

拳击球有单、双拳击球,单拳击球动作灵活,摆动幅度大,击球力量大;双拳击球触球面积大,准确性高。

错误纠正

练习时易出现出拳时机不准、起跳不充分、击球时单双拳选择不恰当等问题。因此,应充分起跳,击

图 3-9-8

球时拳心相对并拢,在起跳最高点时迎球击出,并根据实际情况准确选择单双拳。

托球

托球是指守门员采用向后跳起单手将球托出横梁的动作。

动作方法 见图3-9-9

(1)判断来球的运行路线,向后跃起托球。

(2)托球时手指略张,用手掌前部触球的下部,使球呈弧形出界或改变其路线。

 **技术要点**

在托球过程中，手臂伸直，手掌自然张开，击球时尽量向上抬起。

错误纠正

练习时易出现迎球高度过高、起跳不充分等问题。因此，应提前做好准备姿势，准确判断来球，规范动作。

图 3-9-9

 发球

发球是守门员在比赛过程中采用相应动作将球发出的动作，包括手掷球发球和脚踢球发球等。

手掷球发球

动作方法 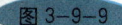见图 3-9-10

（1）单手肩上掷球：充分利用后脚用力蹬地，持球手臂后引，用转身挥臂和甩腕力量将球掷出。

（2）侧身勾手掷球：球从异侧经头顶后方，借助腰腹力量将球掷出，出球速度快，距离远。

（3）掷地滚球：以下蹲姿势，用手平稳地将球掷出，快速传给在罚球区附近未被盯住的队友。

※ **技术要点**

根据场上情况,选择合理的掷球方法。

※ **错误纠正**

练习时易出现因发力顺序不正确、力量不充分,导致掷球距离不够等问题。因此,应身体协调用力,注意体会动作要领。

图 3—9—10

 脚踢球发球

※ **动作方法** 见图 3—9—11

(1)踢空中球:将球置于体前,在球自由下落过程中踢球。

(2)踢反弹球:体前抛球,球落地反弹的瞬间将球踢出。

※ **技术要点**

(1)踢空中球多用于远距离或雨天场地泥泞时。

(2)踢反弹球比踢空中球准确性高,速度更快,出球弧度低,隐蔽性更强。

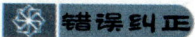

练习时易出现踢球力量不够、部位不准等问题。因此，应调整触球部位，加快摆动腿速度。

图 3-9-11

守门员技术

第四章 基础战术

　　足球运动的基础战术是指在足球比赛中,为了战胜对方,根据实际情况所采取的个人行动和集体配合的方法。实践证明,成功地组织战术和巧妙地运用战术是夺取比赛胜利的重要因素。基础战术包括局部进攻战术、整体进攻战术和防守战术等。

第一节

局部进攻战术

　　局部进攻战术是指进攻中，两个或几个队员之间的配合方法，是集体配合的基础。在实战中，"二过一"配合是局部进攻战术配合的主要表示形式，可分为直传斜插"二过一"、斜传直插"二过一"、踢墙式"二过一"、回传反切"二过一"和交叉掩护"二过一"。

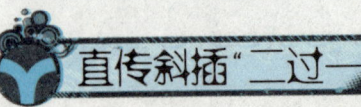

直传斜插"二过一"

　　直传斜插"二过一"是指在局部地区两名进攻队员通过直线传球和斜线插上的配合，越过一个防守队员的战术行动。

战术方法　见图 4-1-1

　　当防守队员身后有较大的空当时，可采用此种"二过一"配合。如 8 号队员横传球给 9 号队员，然后斜插接 9 号队员直接传球突破。

战术要点

　　一般应先插上后传球，配合时机要适当；斜插队员行动要突然、快速；传球要准确。

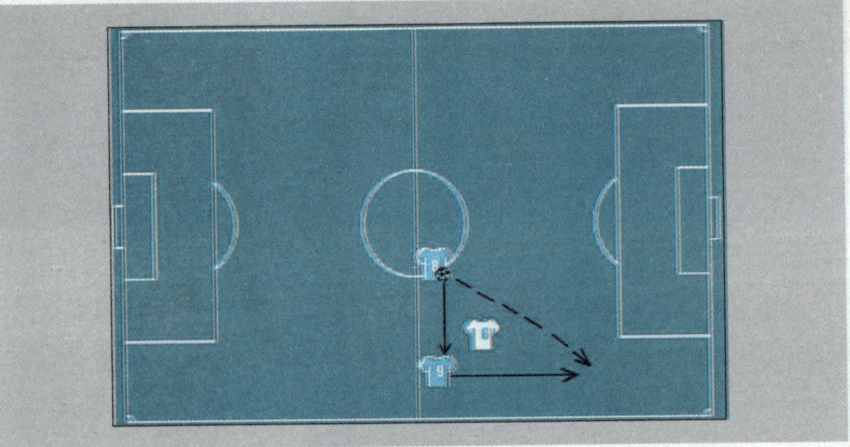

图 4-1-1

斜传直插"二过一"

斜传直插"二过一"是在局部地区两名进攻队员通过斜线传球和直线插上的配合,越过一个防守队员的战术行动。

战术方法 见图 4-1-2

此种"二过一"战术配合可在控球队员与接应队员之间有一定的宽度时运用。如 8 号队员传球给 9 号队员,并快速起动,直插接 9 号队员的斜传球,突破对方的防守。

战术要点

控球队员要运球逼近防守队员;接应队员与控球队员保持一定宽度,同时接应队员应处在控球队员的斜前方,便于控球队员传球;控球队员传球要准确,摆脱防守队员要突然、快速。

图 4-1-2

踢墙式"二过一"

踢墙式"二过一"是指在局部地区两名进攻队员通过连续两次传球的配合,越过一个防守队员的战术行动。

战术方法 见图 4-1-3

持球队员运球逼近防守队员,把防守队员吸引过来,距离 2～3 米处传球,向接应队友传地滚球,传球后立即快速插入,准备接球。此时,接应队员要突然摆脱对方防守队员,与持球队友形成三角形位置。接应队员触球后再将球传到原持球队员脚下,传球后立即跑位,以寻找再次进攻配合的有利位置。

战术要点

掌握好传球,球到人到,人到球到;尽量传地滚球,力量要适度,方向要准确。

图 4-1-3

回传反切"二过一"

回传反切"二过一"是指在局部地区两名进攻队员通过向回传球和反向插上的配合,越过一个防守队员的战术行动。

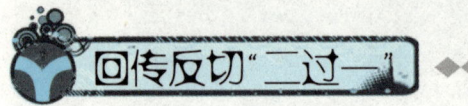

战术方法 见图4-1-4

持球队员在与接应队员相距 8～10 米处传球。接应队员佯装回撤接球,以引诱对方防守队员紧逼,并趁机将球回传,回传后迅速转身起动,插向防守队员身后空当。原持球队员接到回传球后,立即将球传到防守队员身后空当。

战术要点

回传反切"二过一"通过三次传球组合的配合方法,因此要有一定的纵深距离。特别是在罚球区前中路地区,要估计到守门员可能出来断截的情况。

图 4—1—4

 交叉掩护"二过一"

交叉掩护"二过一"是指在局部地区两名进攻队员通过运球与身体掩护进行交叉的配合,越过一个防守队员的战术行动。

战术方法 见图 4—1—5

持球队员用远离防守队员的脚运球,将身体置于球与对方之间保护球。接应队员靠近运球队员,以接应之势迷惑对方防守队员,同时选择有利时机突然起动,接应球越过对方。交接球时,可用运球假动作迷惑对方防守队员,完成配合后继续跑位进攻。

战术要点

持球队员要护好球,交叉接球要快速,接应队员运球突破要突然。

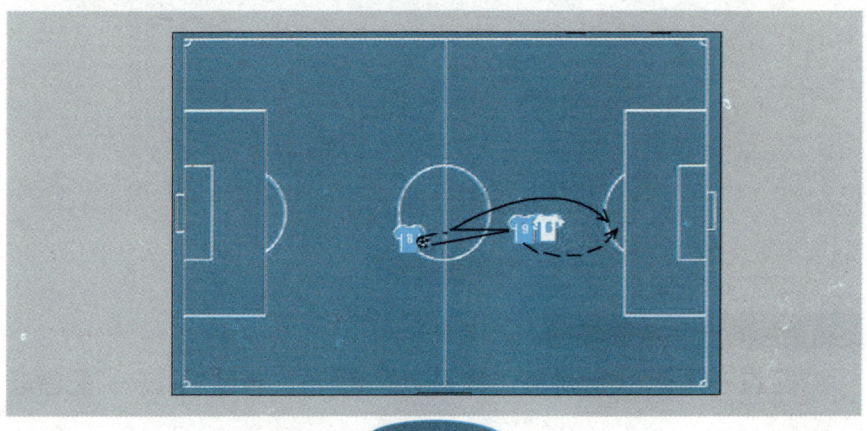

图 4—1—5

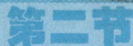

第二节

整体进攻战术

整体进攻战术是指为了完成进攻战术任务,所采用的全局性的配合方法。依据进攻的区域,整体进攻战术可分为边路进攻、中路进攻和转移进攻等。

边路进攻

边路进攻是指在对方半场两侧地区发起的进攻战术。边路进攻常用于撕破对方的密集防守,其特点是利用场地宽度,拉开对方的防线,利用对方边路防守薄弱的特点,进攻得分。

边路进攻方式

运球突破 见图4-2-1

运球突破是指边锋或跑位到边路的队员,通过运球进行突破。

图4-2-1

"二过一"配合突破 见图4-2-2

"二过一"配合突破是指边锋与中锋或前卫,通过"二过一"配合进行突破。

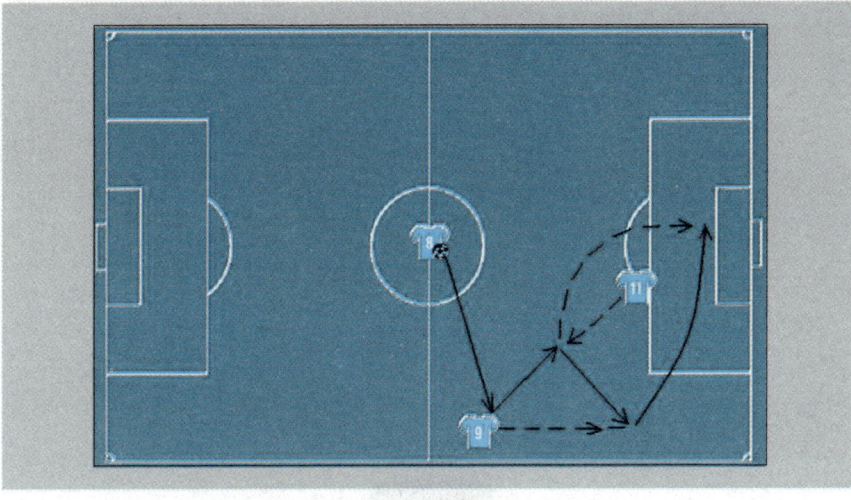

图 4-2-2

❄ **交叉换位配合突破**　见图 4-2-3

交叉换位配合突破是指边锋与中锋通过交叉换位配合进行突破。

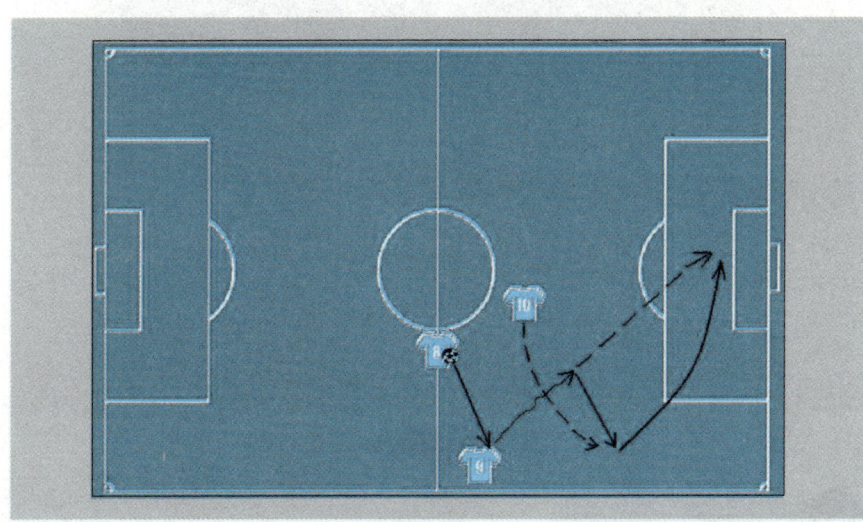

图 4-2-3

❄ **前卫套边配合突破**　见图 4-2-4

前卫套边配合突破是指前卫通过中场位置的传球突然插入边路配合。

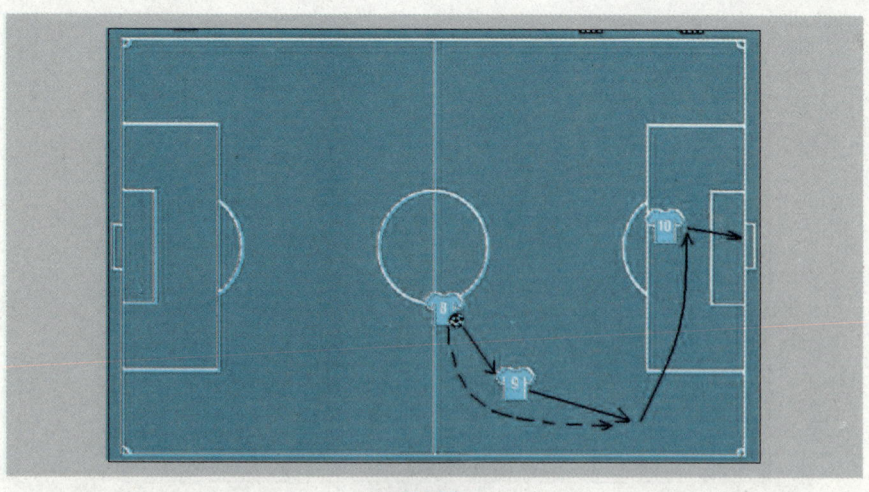

图 4-2-4

后卫插上套边配合　见图 4-2-5

后卫插上套边配合是指后卫突然从边路插上,迎接中场位置的传球。

图 4-2-5

边路传中方式

外围传中　见图 4-2-6

外围传中是指在与球门线平行的罚球区线以外的边路进行传中,常用于对方来不及组织防守或边路进攻受阻,中路如有头球技术较好的高大中锋抢点时使用。其特点是随机性较强,不易防守。

图 4-2-6

🎴 边路突破传中　见图 4-2-7

　　边路突破传中是指在靠近边线的罚球区外侧的边路进行传中,常用于对方已在罚球区前沿组织好防线,利用边路突破横向扯动对方防线,利用边路传中制造射门机会等。

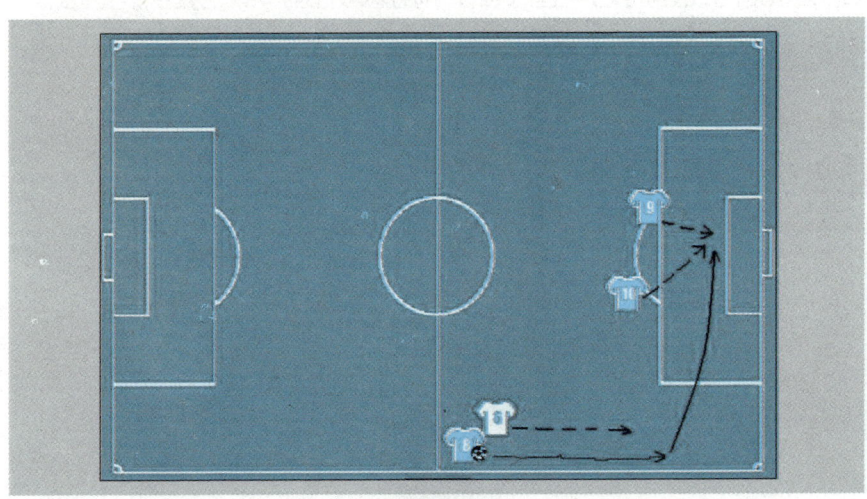

图 4-2-7

🎴 下底回扣传中　见图 4-2-8

　　下底回扣传中是指边路突破后沿球门线切入罚球区内,在中卫封堵之前采用低平球回扣传中,中路抢点射门。

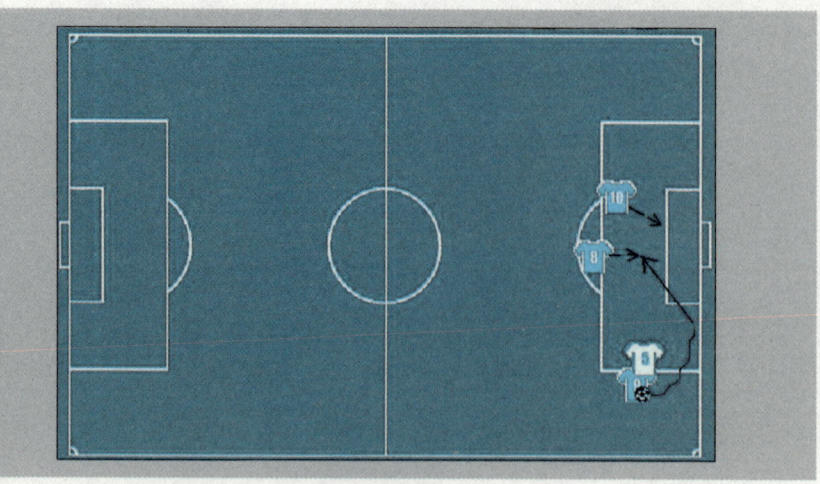

图 4-2-8

两肋楔进传切配合射门　见图 4-2-9

　　两肋楔进传切配合射门是指从罚球区前角由边路走内线，或由中路分球到边路时，从边后卫与中后卫结合部位楔进，与中锋和前卫传切配合，突破后直接射门；遇到拖后中卫封堵时，可用隐蔽性回传球，创造射门机会。

图 4-2-9

传中时机和落点

传中时机

　　（1）守方队员与攻方队员同时面向球门跑动时。

（2）突破边后卫防守，补防的中后卫尚未封堵住传中路线时。

（3）对方后卫线与守门员之间有较大空当，本方队员有可能切入时。

（4）对方守门员贸然出击，选位不当时。

（5）本方队员已插上或包抄到位时。

传中落点 见图4-2-10

研究资料显示，传中落点最好在点球点附近10米范围内。传前点球应低平有力，传后点球应有一定高度。除高度外，传中球还应加侧旋，这样，一方面可以诱使守门员犯错误，另一方面有利于包抄射门。

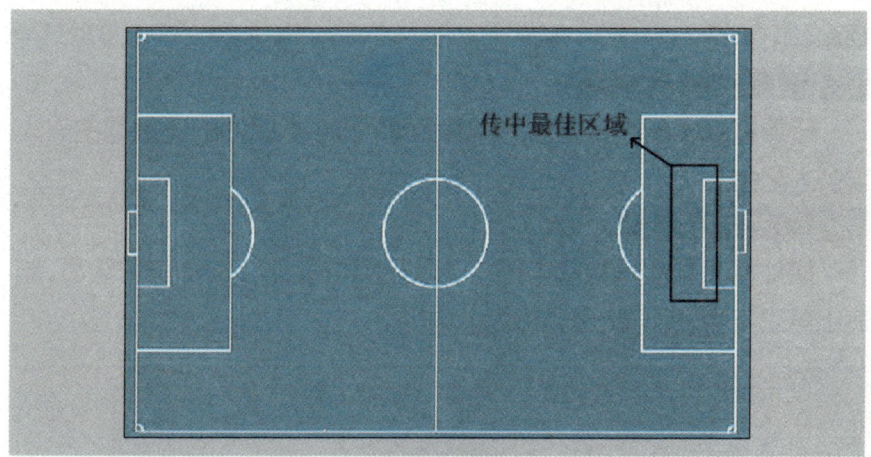

传中最佳区域

图4-2-10

 **中路进攻**

中路进攻是指在对方半场中部发起和结束的进攻，特点是进攻投入的人数多、层次深、配合点多、配合面广、射门角度大、破门机会多；此时对方防守往往人员较密集，纵深保护有力，突破难度较大。中路进攻方式有运球突破、踢墙式"二过一"配合、运球交叉掩护配合、回撤反切配合、任意球战术配合、横扯插上配合和头球摆渡配合等。

运球突破

运球突破是指队员在很小的范围内，利用接、转、突，一气呵成的娴熟控运技术，抓住空当突然施射或突破后冷静射门。

踢墙式"二过一"配合

踢墙式"二过一"配合是指中场突破空间小、时间短,要求有针对性地突然变换传球方向、高度,在对方人缝中传切配合,突破射门。

运球交叉掩护配合

运球交叉掩护配合是指中锋与前卫或边锋利用斜向运球交叉换位,掩护同伴突破射门。

回撤反切配合

回撤反切配合是指中锋回撤,将对方中卫拉出来,再反切接球突破射门。应注意回撤反切不要在同一纵轴线上,以免给传接带来困难。

任意球战术配合

任意球战术配合是指前场中路距球门 30 米以内的任意球由一人或多人配合。

横扯插上配合　见图 4—2—11

横扯插上配合是指由中路攻击队员跑位扯动,拉开防守队员,制造出第二空当,前卫队员突然插上射门。

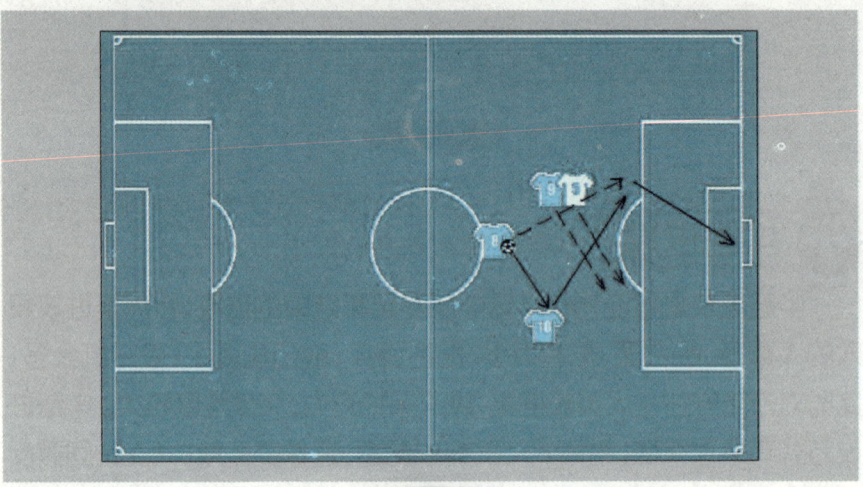

图 4—2—11

头球摆渡配合　见图 4—2—12

头球摆渡配合是指在中路地面配合难以突破对方防守时,可以采取外线吊球方式,利用中路攻击队员身高和头球优势,争顶摆渡,边锋

基础战术

或前卫插上射门。

图 4-2-12

转移进攻

转移进攻是指由一个区域转向另一个区域的进攻配合。一般由中路进攻受阻时转移到边路组织进攻,或边路进攻受阻时转移到中路组织进攻,或一侧边路转移到另一侧边路的进攻。转移进攻时应注意以下问题(见图 4-2-13):

(1)进攻受阻的明显标志是防守局部人数明显超过进攻局部人数,而且防守能力很强,此时应及时转移进攻方向。

(2)队员的视野要广,转移进攻点的意识和观察分析、审时度势的能力要强,这样才能及时把握转移的时机。

(3)转移进攻最好有组织者和信号,组织者一般应是突前前卫或拖后前卫,进攻受阻时应及时回传给他(这就是信号),由他及时转移进攻点。

(4)转移进攻时,全队思想要统一,行动要积极,特别是一侧边路进攻转移到另一侧边路进攻时,前卫、边后卫应及时插上,进攻才会收到较好的效果。

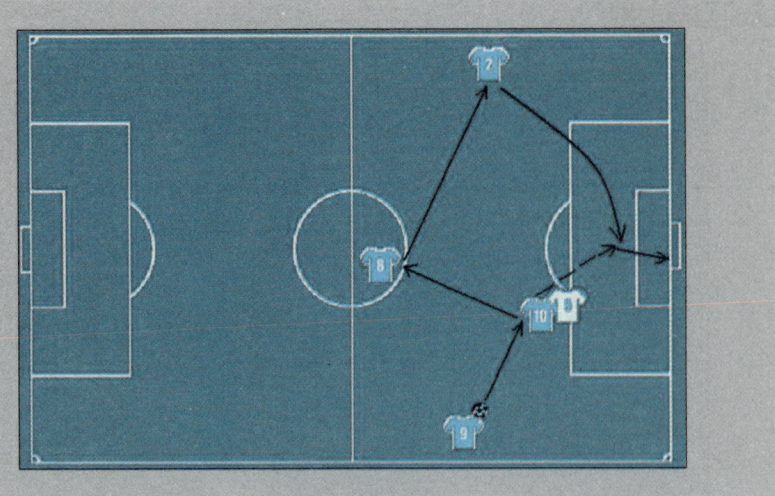

图 4-2-13

第三节

防守战术

防守战术是指比赛中为了阻止对方的进攻或重新控球所采取的集体配合方法。进攻和防守是矛盾的两个方面,二者相互制约、相互促进。防守战术包括个人防守战术、局部防守战术和整体防守战术等。

个人防守战术是指为了控制对方所采用的个人战术行动。个人防守战术体现着整体战术的特征,是整体战术的基础,包括选位与盯人、断球和抢球等。

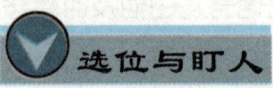 见图 4-3-1

选位是指防守队员根据位置职责和临场情况,选择适当的防守位置。盯人是指在正确选位的基础上,对防守的对方实施监控或严密控制其进攻行动。

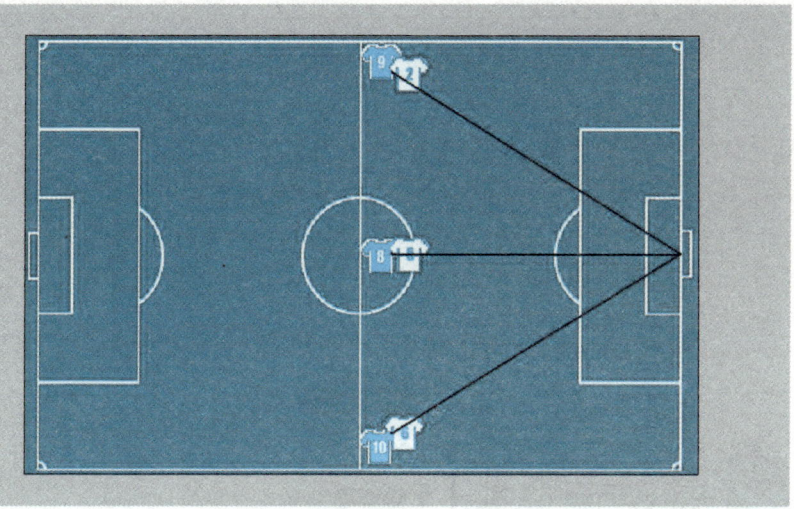

图 4-3-1

 **断球** 见图 4-3-2

断球是指将对方的传球从途中截下来或破坏掉的战术行为。断球是转守为攻最主动、最有效的战术行动,能在对方来不及反抢的状态下进行快速反击。

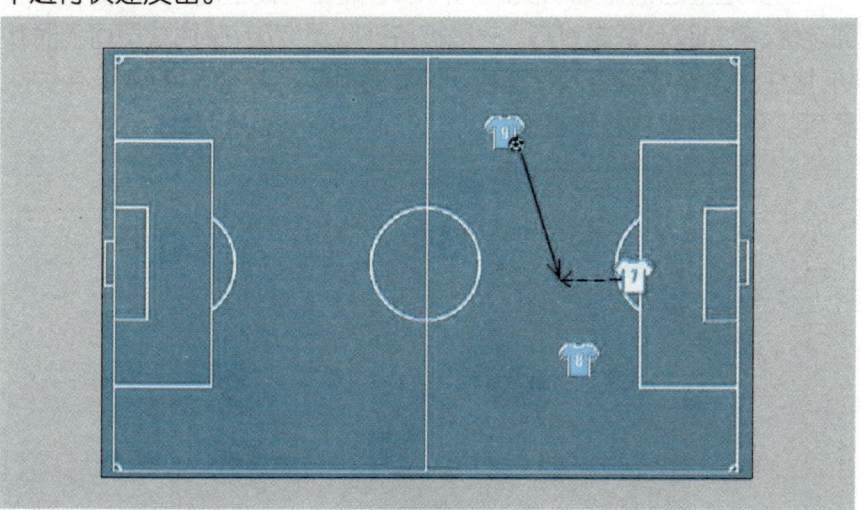

图 4-3-2

 **抢球** 见图 4-3-3

抢球是指将对方控运的球抢过来或破坏掉的战术行动。抢球是重要的个人战术,是个人防守能力的重要标志。

图 4-3-3

局部防守战术 ◆◆◆◆◆◆◆◆◆◆

局部防守战术是指两个或两个以上防守队员之间的配合方法。它是集体防守战术的基础，包括保护、补位和围抢等。

保护　见图 4-3-4

保护是指给抢持球队员的同伴以心理和行动上的支持，使其无后顾之忧，全力以赴紧逼对方。一旦被持球队员突破，保护队员可及时补防，堵住进攻路线或夺回控球权。如果逼抢队员夺得了控球权，保护队员可以及时接应并发动进攻。

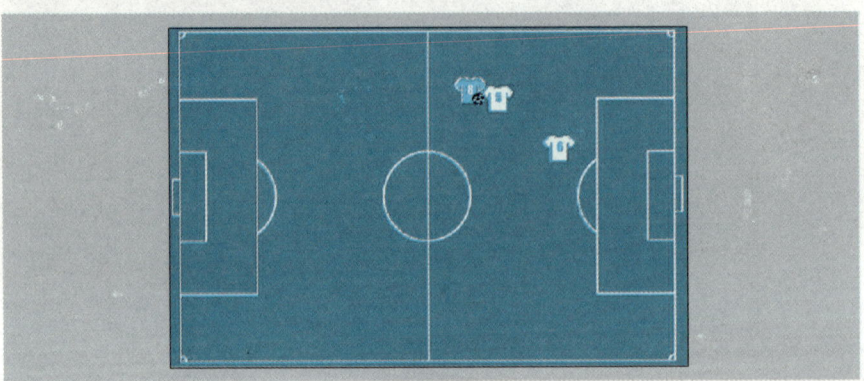

图 4-3-4

补位　见图 4-3-5

补位是指防守队员为弥补同伴在防守中出现漏洞，所采取的相互

协助的战术配合。在比赛中,通过同伴间的相互补位,可以有效地遏制和破坏对方的进攻行动,变被动为主动。具体方法是:

(1)弥补插上的卫线队员的防守空当。

(2)相互补位。

(3)守门员出击时,后卫队员要及时回撤到球门线附近,选位弥补守门员的位置。

图 4-3-5

 围抢 见图 4-3-6

围抢是指在特定场区,两个以上的防守队员突然、快速、有效地多方位夹击对方控球队员,将球抢夺回或破坏掉的战术配合,常在防守局部进攻时使用,特点是在局部地点占有人数优势。

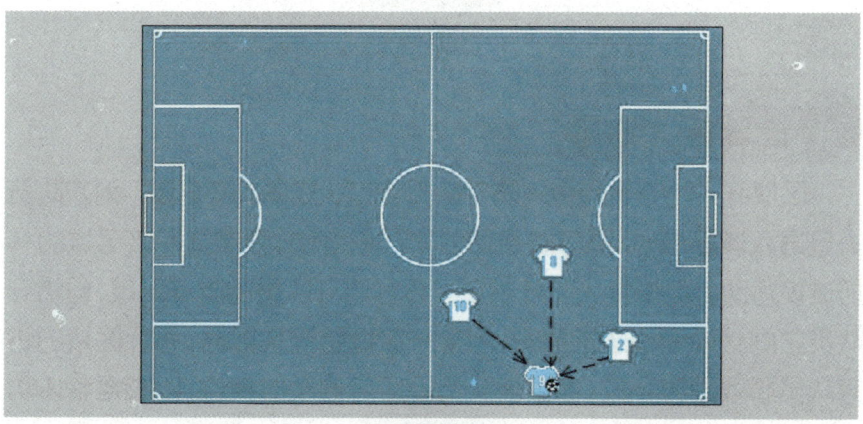

图 4-3-6

整体防守战术

整体防守战术是指全队共同采取的防守战术,按其形式可分为人盯人防守、区域盯人防守和混合盯人防守等。

见图4-3-7

人盯人防守是一种除自由人以外,其他每个队员都有固定盯人对象的防守形式。这种打法突出的特点是,在全场攻守的每一个时间和空间,两两对垒的情况会使每一个进攻队员始终处于压力之中。

图4-3-7

见图4-3-8

区域盯人防守是指每一防守队员都有一定的防守区域。对方队员一旦进入该区域时,防守队员即对其严密盯防,限制其在该区域的一切进攻活动。区域盯人防守规定了每名防守队员的防守区域,但防守队员之间必须有协防的意识;当某一区域防守失败时,邻近区域的防守队员必须及时补位,被突破队员则应与他及时换位,以求得整体防守的平衡。

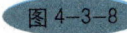
图 4-3-8

混合盯人防守

见图 4-3-9

混合盯人防守是人盯人与区域盯人互相结合的一种防守形式。根据对方情况,在某些区域实行人盯人,在某些区域实行区域盯人,充分发挥这两种形式的优点,提高整体防守的综合效益。混合盯人防守的方式非常灵活,主要取决于对方队员的特点以及本方整体防守的设计方案。

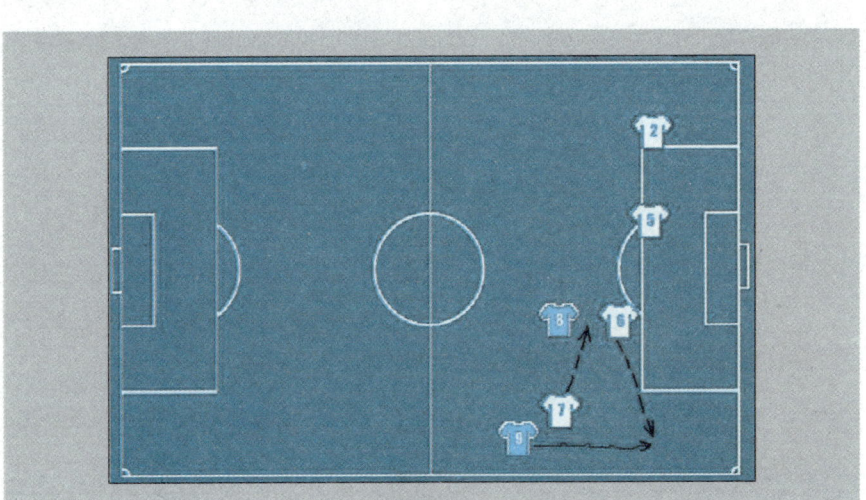

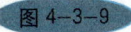
图 4-3-9

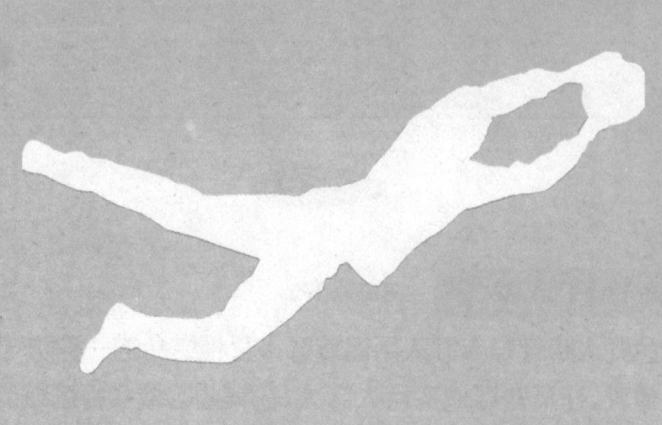

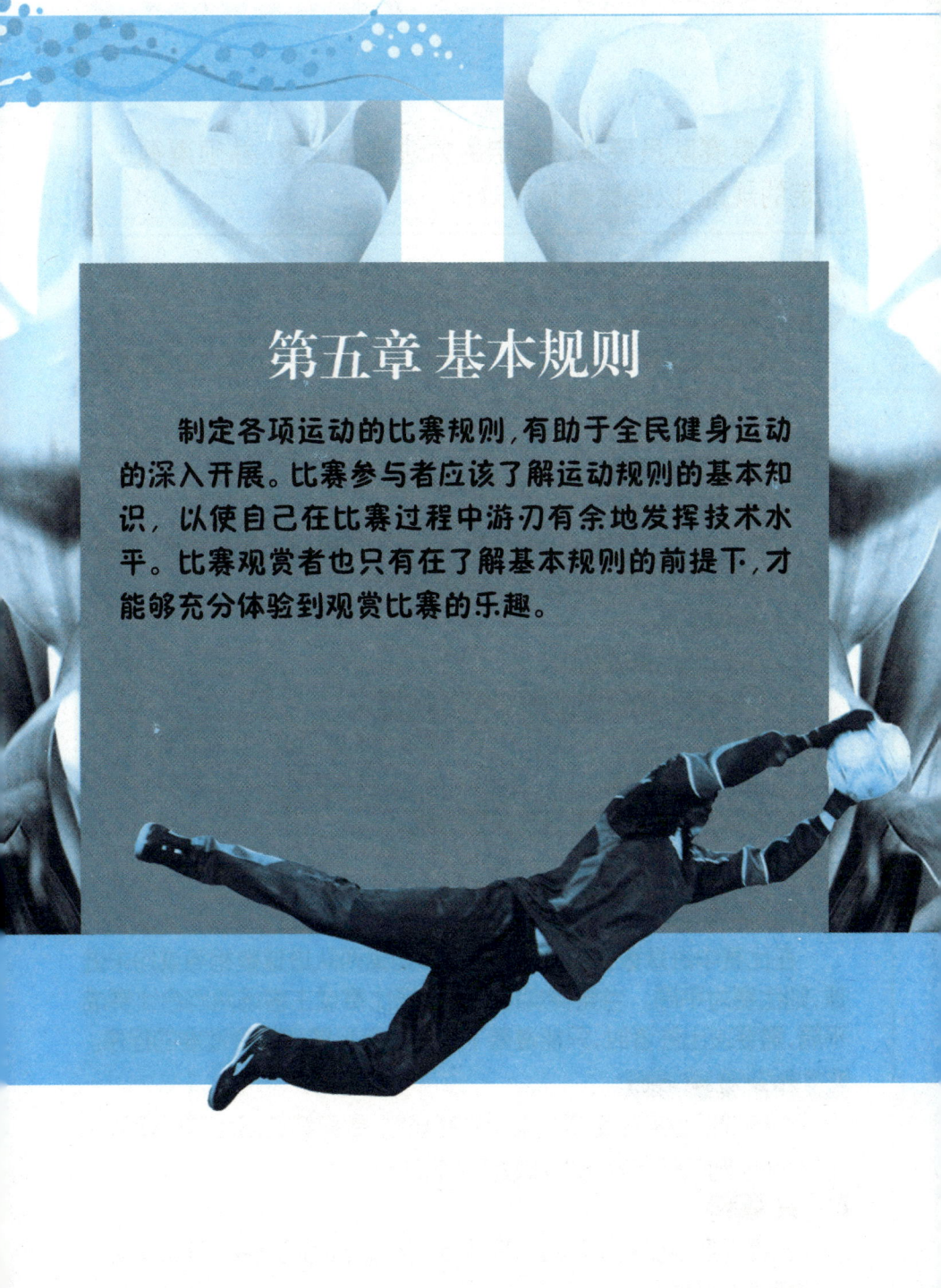

第五章 基本规则

　　制定各项运动的比赛规则，有助于全民健身运动的深入开展。比赛参与者应该了解运动规则的基本知识，以使自己在比赛过程中游刃有余地发挥技术水平。比赛观赏者也只有在了解基本规则的前提下，才能够充分体验到观赏比赛的乐趣。

第一节

比赛方法

　　参赛队员要按照一定的方法进行比赛,并须遵循一定的规则,以使比赛有序进行。

球队组成

　　一场比赛有两队参加,每队上场队员不得多于 11 名,其中必须有一名守门员。如果任何一队少于 7 人,则比赛不能开始。

比赛时间

　　比赛分为两个半场,每半场 45 分钟,中场休息不得超过 15 分钟。在每个半场比赛中损失的所有时间应予补足:

　　(1)替换队员。

　　(2)对队员伤势的估计。

　　(3)将受伤队员移出比赛场地进行治疗。

　　(4)拖延。

　　(5)任何其他原因。

　　根据裁判员的判断补足损失的时间。

计胜方法

　　在比赛中进球数较多的队为胜者。如果两队进球数相等或均未进球,则比赛为平局。当竞赛规程要求一场比赛或主客场两回合比赛成平局,需要决出胜者时,只能遵循下列经国际足球理事会批准的程序。

客场进球规则

　　竞赛规程应规定比赛队采用主客场制,如果第二场比赛后两队比分仍相同,则任何在客场进球数都加倍计算。

决胜期

　　竞赛规程可以规定再进行两个半场相等时间的比赛,每半场时间不得超过 15 分钟。

踢罚球点球

(1)裁判员选定用于踢点球的球门。

(2)裁判员投币,投币得胜的球队队长决定本队是否先踢点球。

(3)双方轮流踢满5次前,一队的进球数已多于另一队踢满5次时可能射中的球数,则不需再踢。

(4)如果两队均已踢满5次,双方进球数相同或均未进球,则按同样的顺序继续踢点球,直至双方踢球次数相同(无需踢5个球),而一队较另一队多进一球时为止。

(5)只有比赛结束时,包括在规定的延长期比赛结束时,在场上的队员方可参加踢点球。

(6)每次应由不同的队员踢点球,直至双方符合资格的队员均踢过1次后,方可踢第2次。

(7)除踢点球的队员和两名守门员外,其他所有队员必须在中圈内。

每场比赛最多可以使用3名替补队员。替补队员名单必须在比赛开始前交给裁判员。被替补下场的队员不得再次参加该场比赛。

任意球分为直接任意球和间接任意球两种。无论是直接任意球还是间接任意球,踢球时必须将球放定,踢球队员在球未经其他队员触及前,不得再次触球。

直接任意球

直接任意球可直接踢入对方球门得分。

间接任意球

间接任意球不可直接踢入对方球门,球必须在进门前触及另一名队员才可得分。

点球时,球放定在罚球点上。防守方守门员留在本方球门柱间的球门线上,面对主罚队员,直至球被踢出。除主罚队员外的其他队员应

处于罚球点后的罚球区外,且距罚球点至少 9.15 米。主罚队员向前踢出球,在其他队员触球前主罚队员不得再次触球。

掷界外球时,在掷出球的一瞬间,掷球者应面向比赛场地,两脚均应有一部分站立在边线上或边线外,不得全部离地,使用两手将球从头后经头上掷出。掷球队员在其他队员触球前不得再次触球。

球门球是重新开始比赛的一种方法,由防守方从球门区内的任何一点踢球,对方应在罚球区外直至比赛进行。踢球队员在其他队员触球前不得再次触球。

角球 ◆◆◆◆◆◆◆◆◆

罚球队员将球放在离球出界处最近的角旗杆的角球区内,不得移动角旗杆。对方应在距球至少 9.15 米以外,直至比赛进行。罚球队员在其他队员触球前不得再次触球。

第二节

裁判方法

在比赛过程中,裁判人员通过履行其职责,进行正确的裁判工作,来保证比赛的公平、公正。

每场比赛应由 1 名裁判员控制,并委派 2 名助理裁判员及 1 名第四官员。裁判员有权力去执行所有与比赛相关的规则。

✿ 球门球

当球的整体从地面或空中越过球门线,而最后触球者为攻方队员时,判为球门球。

❀ 掷界外球

当球的整体从地面或空中越过边线时,判最后触球队员的对方从球越出边线处掷界外球。

❀ 角球

当球的整体在地面或空中越过球门线,而最后触球者为守方队员,判为角球。

❀ 越位

如果攻方队员在对方半场较球更接近于对方球门线,且在该队员与对方球门线之间,对方队员不足2人时,即处于越位位置。队员处于越位位置本身并不是犯规,但在同队队员踢或触及球的一瞬间,其利用越位位置获得利益时,才被判为越位犯规。对于任何越位犯规,裁判员应判其在犯规发生地点踢间接任意球。

如果队员直接从球门球、掷界外球和角球情况下接到球,则没有越位犯规。

❀ 直接任意球

队员作出下列犯规中的任何一种,将判给对方在犯规发生地点踢直接任意球:

(1)踢或企图踢对方队员。

(2)绊摔或企图绊摔对方队员。

(3)跳向对方队员。

(4)冲撞对方队员。

(5)打或企图打对方队员。

(6)推对方队员。

(7)为了得到对球的控制而抢截对方队员时,于触球前触及对方队员。

(8)拉扯对方队员。

(9)向对方队员吐唾沫。

(10)故意手球(不包括守门员在本方罚球区内)。

❀ 间接任意球

如果守门员在本方罚球区内违反下列犯规中的任何一种,将判给对方踢间接任意球:

(1)用手控制球后在发出球之前持球超过6秒。

(2)在发出球之后未经其他队员触及,再次用手触球。

(3)用手触及同队队员故意踢给他的球。

(4)用手触及同队队员直接掷入的界外球。

队员在出现下列情况时,也将判给对方踢间接任意球:

(1)动作具有危险性。

(2)阻挡对方队员。

(3)阻挡对方守门员从其手中发球。

(4)因其他犯规而停止比赛被警告或罚令出场。

 点球

在比赛进行中,一队在本方罚球区内,由于违反了可判为直接任意球的 10 种犯规之一,应判罚点球。

纪律制裁

警告

如果队员违反下列犯规中的任何一种,将被警告并出示黄牌:

(1)犯有非体育道德行为。

(2)以语言或行动表示异议。

(3)持续违反规则。

(4)延误比赛重新开始。

(5)当以角球或任意球重新开始比赛时,不退出规定的距离。

(6)未得到裁判员许可进入或重新进入比赛场地。

(7)未得到裁判员许可故意离开比赛场地。

罚令出场

如果队员违反下列犯规中的任何一种,将被罚令出场并出示红牌:

(1)严重犯规。

(2)暴力行为。

(3)向对方或其他任何人吐唾沫。

(4)用故意手球破坏对方的进球或明显的进球得分机会(不包括守门员在本方罚球区内)。

(5)用可判为任意球或点球的犯规破坏对方向本方球门移动着的明显的进球得分机会。

(6)使用无礼的、侮辱性的或辱骂性的语言及动作。

(7)在同一场比赛中得到第 2 次警告。